古典文獻研究輯刊

三十編

潘美月・杜潔祥 主編

第 2 冊

《清史稿・藝文志》及
《補編》《拾遺》之子部小說著錄研究（上）

鄭詩儐 著

國家圖書館出版品預行編目資料

《清史稿‧藝文志》及《補編》《拾遺》之子部小說著錄研究（上）
／鄭詩儐 著 — 初版 — 新北市：花木蘭文化事業有限公司，
2020〔民 109〕
目 4+162 面；19×26 公分
（古典文獻研究輯刊 三十編；第 2 冊）
ISBN 978-986-518-087-4（精裝）
1. 清史稿 2. 研究考訂
011.08   109000636

ISBN-978-986-518-087-4

古典文獻研究輯刊
三十編 第 二 冊   ISBN：978-986-518-087-4

《清史稿‧藝文志》及
《補編》《拾遺》之子部小說著錄研究（上）

作　　者　鄭詩儐
主　　編　潘美月　杜潔祥
總 編 輯　杜潔祥
副總編輯　楊嘉樂
編　　輯　許郁翎、張雅淋　美術編輯　陳逸婷
出　　版　花木蘭文化事業有限公司
發 行 人　高小娟
聯絡地址　235 新北市中和區中安街七二號十三樓
　　　　　電話：02-2923-1455／傳真：02-2923-1452
網　　址　http://www.huamulan.tw 信箱 hml810518@gmail.com
印　　刷　普羅文化出版廣告事業
初　　版　2020 年 3 月
全書字數　191065 字
定　　價　三十編 18 冊（精裝）新台幣 40,000 元　　　版權所有‧請勿翻印

《清史稿‧藝文志》及
《補編》《拾遺》之子部小說著錄研究（上）

鄭詩儐 著

作者簡介

鄭詩儐，馬來西亞人，祖籍福建永春鵬翔，畢業自馬來亞大學，獲第一等榮譽文學士學位，後獲中國政府獎學金赴華中師範大學修讀古代文學專業碩士、古典文獻學專業博士。畢業後回到馬來西亞新紀元大學學院服務，2019 年 4 月升任國際教育學院院長兼中文系助理教授，並任《中文人》主編及《馬來西亞人文與社會科學學報》編委。主要研究興趣爲目錄學研究及華人研究，曾參與編寫《漢語古籍電子文獻知見錄》，論文曾在《華中學術》《中國文化研究》《華僑華人文獻學刊》《馬大華人文學與文化學刊》等國內外期刊發表。

提　　要

　　本文主要研究《清史稿・藝文志》（以下簡稱「《清志》」）及《清史稿藝文志補編》（以下簡稱「《補編》」）、《清史稿藝文志拾遺》（以下簡稱「《拾遺》」）著錄之子部文言小說，屬於小說目錄學研究範疇，旨在從「三志」，即上述三部史志目錄著錄子部小說的研究來探討清代文言小說的問題。本文分爲五章論述：

　　第一章：歷代史志子部小說著錄之沿革。爲了更宏觀、更客觀把握子部小說與目錄學的關係，爲了更好地、更深刻地認識到「三志」對清代文言小說的著錄，本章擬對清前史志目錄子部小說著錄進行分析，考察子部小說在歷代即漢代至清代的正史《藝文志》或《經籍志》著錄情況的演變與發展，探討歷代《藝文志》或《經籍志》及其補志在小說家序列、小說著錄數量及其著錄體例的變化，並透過考察記一代藏書的史志目錄的子部小說著錄情況及其分類的異同，分析論述歷代史志目錄的子部小說觀念的發展。爲了對古今小說目錄學家的文言小說著錄情況能有較全面的掌握，今人編纂的文言小說專科目錄亦是本章考察的對象。透過研究今人編纂的文言小說專科目錄，或許能使讀者更清楚認識《補編》及《拾遺》。

　　第二章：「三志」及其小說類屬著錄情況考述。本章主要考察「三志」編纂的總體情況及其小說類屬的著錄特點。小說類作爲「三志」子部中的一類，許多問題與各志編纂思想是不可分割來談的，欲摸清「三志」子部小說著錄的特點，還得從「三志」總體情況上來把握。本章著重對「三志」的編纂者、體例及得失批評進行分析論述，尤其關注《補編》及《拾遺》對《清志》在體例方面的改革、創新及不足之處。

　　第三章：「三志」子部小說著錄差異的原因分析。《清志》著錄子部小說共 63 部，《補編》則著錄 52 部，《拾遺》對前志補錄了 459 部。「三志」之間著錄的數量差距甚大，《拾遺》對前志增錄之多，有多方面原因。探尋「三志」子部小說著錄數量多寡的原因，可以爲小說目錄書的編纂提供重要的借鑒作用。經過考察、分析及論述，發現影響「三志」著錄的多寡與其各志的成書背景、著錄來源及編纂者個人的偏好及收書標準息息相關。

　　第四章：《清志》與清代公私書目著錄清代小說之比較。本章擬對《清志》與作爲官修的《四庫全書總目》及作爲私人撰修的藏書目錄之清代文言小說著錄進行比較，以此把握有清一代小說著錄的總體面貌。《四庫全書總目》共著錄 34 部清代小說，除了 1 部位列「正目」，其餘 33 部皆退入《存目》。《清志》著錄成書於四庫徵書之年（1778 年）以前的小說共 22 部，《四庫全書總目》著錄而《清史稿・藝文志》未予甄錄的共 14 部；《清志》著錄而《四庫全書總目》不錄的則有 8 部。本章考察其中的原因，同時對兩者之間子部小說著錄問題進行較深入研究。在

清代私家藏書目錄中，有八家藏書目錄符合比較條件。而這八家中，有著錄有清一代著述甚多的《八千卷樓書目》。《清志》與八家私家藏書目錄子部小說分類的異同研究，也推動了本文對清代文言小說文本的認識與理解。

第五章：「三志」子部小說著錄之小說史研究意義。本章主要將「三志」子部小說著錄的問題研究提升到小說史研究的意義層面。結合「三志」與清代官私書目、近代私家藏書目錄至今人編纂的文言小說專科目錄的考察及分析，對「三志」著錄的共574部子部小說進行斟酌，或增補或剔除。這對清代文言小說專科目錄的重新編纂無疑是有積極意義的。此外，本章也對「三志」子部小說著錄在文言小說史的徵引情況進行分析。目前，尚無清代文言小說史的專著出版，故本章考察了四種文言小說史中清代部分的徵引情況，即魯迅的《中國小說史略》、侯忠義的《中國文言小說史稿》、吳志達的《文言小說史》及張俊的《清代小說史》，並在此基礎上重新思考清代文言小說史的編寫。

二十五史《藝文志》著錄小說資料集解
（11AZDO62）

目次

表目錄

緒　論

　　《清史稿・藝文志》（簡稱「《清志》」）、《清史稿藝文志補編》（簡稱「《補編》」）及《清史稿藝文志拾遺》（簡稱「《拾遺》」）作爲二十五史《藝文志》中最後的史志目錄，具有指示學問門徑的作用，然而迄今爲止，學界內對這三部史志目錄（簡稱「三志」）的瞭解、認識及重視，都遠遠不足。國內的研究情況可以用「冷清」來形容，國外更是無人問津。本文將「三志」子部小說著錄作爲研究對象，根據設想的研究思路，擬定具體的研究方案，爲「三志」子部小說的著錄與有清一代小說文獻著錄全貌及小說史的研究與寫作進行深入的分析、論述。

一、國內研究現狀分析

　　本文旨在從《清志》《補編》《拾遺》子部小說著錄的情況研究有清一代小說文獻的分類依據，檢視這種分類的合理性，從中分析編纂者的小說觀念及小說史研究的相關問題。關於《清志》《補編》《拾遺》的子部小說著錄研究，目前學界內幾乎還沒有見到專門的論文發表。因此，本文只能從此課題的外圍研究方面展開研究現狀的分析，如：（一）關於《清志》《補編》《拾遺》的研究；（二）關於小說書目類的整理與整體研究，茲列如下：

　　（一）關於《清志》《補編》《拾遺》的研究

1．關於《清志》的研究

（1）析出文獻 1 篇

〔1〕張舜徽：《清史稿藝文志》，張舜徽：《愛晚廬隨筆》，武漢：華中師
範大學，2005 年，第 13～14 頁。

張舜徽先生在文中指出，《清志》的紕繆很多，早爲儒林所輕蔑。其中的
問題包括著錄重複或遺漏、書名人名錯誤、分類不當，等等。張舜徽先生坦
言自己早年曾有志修改《清志》，故常和朋友交流。張先生也在文中直言，歷
代《藝文志》或《經籍志》皆有所別擇與取捨，因此不可能完善地著錄一代
之文獻。即使後來有《補編》，但也有可信之著錄及不可信之著錄。可信之著
錄即實有其書，不可信之著錄即徒存其名而實無其書，只是根據碑傳或傳聞
之辭而著錄。張先生之言提醒本文研究子部小說著錄時，對其著錄書名盡可
能做到知見錄，不可盡據原書著錄。

（2）單篇期刊論文 6 篇

〔1〕王紹曾：《〈清史稿藝文志〉易類拾遺》，《周易研究》，1989 年第 2
期。

〔2〕謝蒼霖：《〈清史稿‧藝文志〉誤植一例》，《文獻》，1994 年第 4
期。

〔3〕王新芳、孫微：《〈清史稿‧藝文志〉著錄顧宏〈杜詩注解〉辨正》，
《集美大學學報》（哲學社會科學版），2011 年第 2 期。

〔4〕雷平：《張舜徽論〈清史稿〉〈藝文志〉與〈儒林傳〉改修問題》，《清
史研究》，2012 年第 2 期。

〔5〕劉玉珺：《〈清史稿‧藝文志〉誤收書一例》，《江海學刊》，2012 年
第 4 期。

以上的單篇期刊論文，都是針對《清志》的問題提出的，比如謝蒼霖和
劉玉珺是對《清志》的某些問題作出訂誤，而雷平探究張舜徽先生之所以提出
《清志》與《清史稿‧儒林傳》的改修問題的原因。而王紹曾與王新芳則分別
對《清志》中的某一部類及某一本書進行研究。《清志》共著錄四部書 9,633
種，138,078 卷，然而相對的研究卻少之又少，可見其仍然存在許多研究的空白。

（3）碩士論文 2 篇

〔1〕周桂蓮：《〈清史稿‧藝文志‧兵家類〉及補順治至嘉慶間兵書考釋》，
東北師範大學，2008 年。

〔2〕路子強：《〈清史稿藝文志〉與〈八千卷樓書目〉關係研究》，山東
　　大學，2009 年。

　　周桂蓮的研究，運用了文獻學、考證學、校讎學方法對《清史稿・藝文
志・兵家類》及補充的清順治至嘉慶年間兵書之著者、內容、流傳、現存版
本、館藏等信息加以考釋，以期爲後人研究清代這段時間的兵書提供便利。
路子強的研究則從史料來源角度研究《清志》。路子強導師杜澤遜先生作爲
《拾遺》編輯組成員，於公私簿錄中發現《八千卷樓書目》是《清志》一大
來源，如此說明《清志》在採用其他書目時，是有自己的選擇標準的。路子
強的論文便是從這個角度來進行論述的。路子強的研究，對本文研究、考論
「三志」的子部小說著錄來源具有一定的啓發性。

2. 關於《補編》的研究

（1）單篇論文 1 篇

〔1〕姚金笛：《〈清史稿藝文志補編〉訂誤》，《浙江樹人大學學報》（人
　　文社會科學版），2011 年第 5 期。

　　關於《補編》的研究，可謂是「三志」當中，最爲缺乏的，也是相對最
受忽略的，這一點值得深思。而現有姚金笛的論文做的是訂誤的工作，屬於
古籍整理的範疇，尚未涉及到小說目錄學的專題研究。

3. 關於《拾遺》的研究

（1）單篇期刊論文 10 篇

〔1〕喬好勤：《中國目錄學史上的盛事——讀王紹曾編〈清史稿藝文志
　　拾遺〉》，《圖書館雜誌》，2002 年第 2 期。

〔2〕黃愛平：《拾遺補闕　嘉惠學林——〈清史稿藝文志拾遺〉讀後》，
　　《清史研究》，2003 年第 2 期。

〔3〕湯華泉：《〈清史稿藝文志拾遺〉的成就與不足》，《安徽大學學報》，
　　2004 年第 2 期。

〔4〕湯華泉：《評〈清史稿藝文志拾遺〉》，《古籍整理出版情況簡報》，
　　2004 年第 6 期。

〔5〕陳豔華、趙慶禹、陳瑩：《〈清史稿藝文志拾遺〉——有清一代著述
　　目錄之總結》，《圖書情報工作》，2005 年增刊。

〔6〕喻春龍：《淺談〈清史稿藝文志拾遺〉的美中不足》，《古籍整理研
　　究學刊》，2006 年第 2 期。

〔7〕楊洪昇：《讀〈清史稿藝文志拾遺〉劄記》，《圖書館雜誌》，2007 第 3 期。

〔8〕程遠芬：《傳統索引編製的學術性及其在新時期的意義——〈清史稿藝文志拾遺索引〉編纂工作的回顧與思考》，《山東教育學院學報》，2008 年第 1 期。

〔9〕趙晨：《〈清史稿藝文志拾遺〉訂誤》，《菏澤學院學報》，2009 年第 6 期。

〔10〕姚金笛：《〈清史稿藝文志拾遺〉訂誤》，《西華師範大學學報》（哲學社會科學版），2011 年第 4 期。

《拾遺》是「三志」之間，相對研究較多的。其研究趨向大致分爲三類：書評、訂誤、介紹及《拾遺》索引編纂的回顧。除此之外，別無關於《拾遺》的著錄研究。

（2）報紙文章 2 篇

〔1〕《百年以來目錄編纂之盛事，有清一代文獻括存之大業——〈清史稿藝文志拾遺〉專家筆談》，《中華讀書報》，2002-08-14。

〔2〕鍾少華：《爲〈清史稿藝文志拾遺〉獻芹》，《中華讀書報》，2002-08-28。

以上兩篇報導，前者多肯定，後者多否定。鍾少華對《拾遺》編纂的一些問題提出的質疑如評其分類是一種倒退至 20 世紀初的做法，得到了王紹曾先生的回應（案：與鍾少華之文刊載在同一版）。這樣的交流激發了我們的思考：爲清代著述或文獻編纂一部目錄，是該符合現代人的分類習慣，還是應該符合古人的圖書分類觀念呢？

綜上所列，迄今並無研究「三志」的專著性成果。就個別史志目錄而言，《補編》的論文研究成果，相對《清志》及《拾遺》而言，可說是最少的，而《拾遺》則是最多人關注且進行研究的。原因無他，《拾遺》作爲《清志》最後出的補志，可謂網羅清人著述最全，並對前二種目錄的優缺點都進行分析、歸納，在此基礎上，取其長，避其短，故其相對受學界重視。不論是「三志」的文獻整理及整體研究工作，還是細微到個別的部類研究，都有待後人努力鑽研。

（二）關於小說書目類的整理與整體研究

本文也從書目類小說著錄的整理與整體研究，擴充論文資料的收集與整

理，以期能夠瞭解這類課題在目前學術界的研究趨向，盼能為本文提供引導與借鑒。茲列如下：

1. 編著 9 本

（1）劉葉秋：《歷代筆記概述》，北京：中華書局，1980 年。

（2）程毅中：《古小說簡目》，北京：中華書局，1981 年。

（3）袁行霈、侯忠義編著：《中國文言小說書目》，北京：北京大學出版社，1981 年。

（4）寧稼雨：《中國文言小說總目提要》，濟南：齊魯書社，1996 年。

（5）〔日〕樽本照雄：《新編增補清末民初小說目錄》，濟南：齊魯書社，2002 年。

（6）石昌渝：《中國古代小說總目》（文言卷），太原：山西教育出版社，2004 年。

（7）杜澤遜：《四庫存目標注》，上海：上海古籍出版社，2007 年。

（8）劉永文：《晚清小說目錄》，上海：上海古籍出版社，2008 年。

（9）王齊洲、畢彩霞：《〈新唐書・藝文志〉著錄小說集解》，長沙：嶽麓書社，2008 年。

上述幾種小說書目類的編著，各有特點。然而，學界對這類古代小說文獻的整理成果，仍然未全盤接受，主要是今人與古人小說觀念差距甚遠。在編纂小說書目方面，採取哪一種觀念進行甄別、歸類，皆有各自的看法。今人不能代表古人說話，今人觀念不斷在變化，而古人的小說觀念也一直在變化，因此編纂的實際操作並不容易。劉葉秋的《歷代筆記概述》，以「筆記」概念來整理文獻，其中的收錄標準，並不全然符合歷代的「小說」概念。程毅中的《古小說簡目》則以今人小說觀念鑒定作品是否屬於小說，著錄以志怪、傳奇為主，對於傳統史志目錄著錄的「小說家類」的文獻，則以文學性尺度作選擇性的著錄，範圍取先秦至唐五代。《中國文言小說書目》則放棄了今人小說概念的標準，完全依循傳統目錄「小說家類」之著錄作取捨。寧稼雨的《中國文言小說總目提要》，則將歷代公私書目「小說家類」著錄的作品盡悉收入，但用今人小說觀念對其進行遴選釐定，將完全不是敘事性的作品別除出去，附於書後之《別除書目》；另一方面，又把歷代公私書目「小說家類」沒有著錄，然而確實是文學類的小說作品補充進來。全書按時代順

序劃分爲：唐前、唐五代、宋遼金元、明代、清代至民初五編，每編分爲「志怪」「傳奇」「雜俎」「志人」「諧謔」五類。至於石昌渝的《中國古代小說總目》，則著錄了 1912 年以前寫、抄、刻、印成的小說作品。全書分爲「白話卷」及「文言卷」，並爲每一條目作了提要，其中文言小說占 2904 種。本文考察今人編纂的古代文言小說專科目錄，認爲寧稼雨的《中國文言小說總目提要》最具借鑒作用。

　　杜澤遜編纂的《四庫存目標注》是與邵懿辰《四庫簡明目錄標注》配套的版本目錄學工具書，具有填補《四庫全書》書系中空白的意義。杜澤遜先生也曾參與《四庫存目叢書》與《拾遺》的編纂工作。其中，可以相互比勘其關於子部小說文獻的著錄。杜先生曾目驗古籍版本約五千種，進而尋訪有關古籍，並參考了大量的前人版本目錄著作，耗費十餘年之久獨力撰成《四庫存目標注》。此書每一書目下注明進呈本所錄，知見本版本之形式、現狀、藏所，並錄有關序跋題識、印記、寫刻工，間中亦以案語形式闡發己意。其子部文言小說的版本描述有助於本文的研究。

　　至於劉永文編的《晚清小說目錄》，則逐一對現存晚清日報小說、期刊小說、單行本小說、報刊所登載的小說等，做一個較爲全面的搜集與彙編。可以說，《晚清小說目錄》是在日本學者樽本照雄編撰的《新編增補清末民初小說目錄》的基礎上發展開來的。樽本照雄的著述甚多，主要著作皆集中在清末小說，有《清末小說閒談》《清末小說論集》《清末小說探索》《清末民初小說年表》《清末小說叢考》等。一直以來，海內外學者在研究晚清小說時大都以樽本照雄先生的這本小說目錄爲依據，而中國卻還未有一部「可信的小說目錄」。基於這點考量以及出於對晚清小說的新知灼見，劉永文編撰了《晚清小說目錄》，對《新編增補清末民初小說目錄》進行分析、評述，指出其優缺點，並作出了很好的補充。然而，無論哪一種小說書目的編纂，都是出於今人本身的考慮。可以說，由於學者們的古代小說概念不一，編纂思想不一，故反映在目錄學上的思想也不同。類似的問題循環往復，沒有一個理想的解決方案，導致了古代小說書目編纂的困難。這都說明了古代文言小說內容的龐雜和小說觀念的模糊。因此，學界在編纂小說書目以及界定小說概念時候，總是無一使大家爲之滿意的定案。

　　對此，王齊洲教授提出，以史志目錄爲依據整理小說文獻是較爲穩妥的方法。王齊洲教授的這項創意獲得了國家社科基金重點項目的支持，立項

「二十五史《藝文志》著錄小說資料集解」，著手進行研究。其階段性成果之一：《中國古代小說文獻整理與研究應回歸中華文化本位》一文提及：「在中國文化本位意識和學術本土意識日益增強的今天，我們必須認眞反思西方小說觀念對中國史志子部小說的歧視、誤讀和曲解，將中國古代小說文獻的整理與研究回歸到中華文化本位，並將重點放在史志子部小說方面，著手發掘其歷史價值和文化價值，以推進中國現代文化的本土化進程，彌補一個世紀以來所形成的兩類小說文獻整理與研究失衡的缺憾。」〔註1〕王齊洲教授進一步指出，從史志目錄爲依據，整理小說文獻，並且進行研究，是一個可行且穩妥的方法，正是基於正史代表著占社會統治地位的主流文化的歷史觀念、文化觀念、思想觀念和價值觀念，而史志目錄則代表著主流學術對當時知識形態的系統認識和學術分類。抓住了史志子部小說，也就抓住了中國古代小說的主體形態；理解了史志子部小說，也就理解了中國古代小說的基本觀念。與其無休止地討論中國古代小說觀念應該是什麼，哪些作品應該算作是小說，不如先去瞭解古人到底將哪些作品歸類爲小說，尤其是代表正統思想的史志目錄的子部小說（家）類究竟著錄了哪些作品，這種著錄在不同時代有哪些變化，這些作品的面貌究竟如何，時人或後人如何認識它們，等等。弄清楚了這些問題，才能弄清楚占主流地位的中國古代小說的觀念，中國古今小說觀念之間的聯繫與區別，今天的小說該如何發展等問題。〔註2〕這十年來，王齊洲教授一直在堅持指導研究生們做斷代史志子部小說文獻資料的收集整理和研究工作。上述所列書目第九項，即是其指導研究生畢彩霞在其碩士論文基礎上增補修訂而成的。

　　雖然，目前尚未有關於《清志》及其補志著錄小說的研究論文發表，但筆者有幸參加王齊洲教授主持項目的子課題之一：《清史稿〈藝文志〉著錄小說文獻編纂與研究》的組成部分，從史志目錄著錄小說資料集解或整體研究方面進行資料搜索，對本文的研究與寫作而言，具有一定的借鑒意義。另外，爲了全面認識「三志」的子部小說著錄特點及其對後世文言小說書目編撰的影響，本文有必要熟悉今人編著的小說書目，尤其關乎清代文言小說的著錄

〔註1〕　王齊洲、楊繼剛：《中國古代小說文獻整理與研究應回歸中華文化本位》，《學術研究》，2012 年第 2 期，第 146 頁。
〔註2〕　王齊洲、楊繼剛：《中國古代小說文獻整理與研究應回歸中華文化本位》，《學術研究》，2012 年第 2 期，第 146～153 頁。

標準。特別說明的是，爲避免駁雜，以下不列關於斷代史志目錄的個別作品研究論文。

2. 碩士論文 10 篇

（1）畢彩霞：《〈新唐書・藝文志〉著錄小說集解》，華中師範大學，2006年。

（2）郭輝：《〈宋史・藝文志〉著錄部分北宋小說集解》，華中師範大學，2007年。

（3）肖良：《〈明史・藝文志〉著錄 30 部小說集解》，華中師範大學，2008年。

（4）王珍珍：《〈宋史・藝文志〉著錄北宋部分小說集解》，華中師範大學，2008年。

（5）史元媛：《〈宋史・藝文志〉著錄南宋小說集解》，華中師範大學，2008年。

（6）曹小飛：《〈明史・藝文志〉著錄〈庚巳編〉等 32 部小說集解》，華中師範大學，2010年。

（7）馬千紅：《〈明史・藝文志〉著錄〈稗海〉等 31 部小說集解》，華中師範大學，2011年。

（8）閆彬彬：《〈明史・藝文志〉著錄〈說林〉等 34 部小說集解》，華中師範大學，2011年。

（9）陳婷：《錢大昕〈補元史藝文志著錄小說集解〉》，華中師範大學，2012年。

（10）屈紅梅：《〈補遼金元藝文志〉、〈補三史藝文志〉著錄小說集解》，華中師範大學，2012年。

以上碩士論文皆王齊洲教授指導的畢業論文。這些研究，都試圖擺脫以往的古代小說文獻的整理工作的窠臼，避免按照現代的小說觀念來選擇他們認爲是小說的作品進行研究，強調不以今律古，以西律中，而是另闢新徑，以歷代正史《藝文志》（或《經籍志》）的著錄爲依據，全面系統收集整理有關文獻資料，並在此基礎上，提出對每部作品的初步瞭解和基本認識，以便研究者做進一步深入研究時的參考。他們的論文，開闢了文言小說文獻整理與研究的新領域，使小說與經書、正統史書及著名子書，登上了同樣意義的平臺。本文研究雖不是以小說集解爲工作，然而確實需要對「三志」子部小

說的著錄文獻做到知見，對於歷代史志目錄的小說性質內涵與分類，也需要借鑒已出的研究成果，以期掌握小說源流與演變情況。

3. 單篇期刊論文 19 篇

（1）蔣寅：《從目錄學看古代小說觀念的演變——兼談目錄學與文學的關係》，《廣西師範大學學報》（哲學社會科學版），1991 年第 1 期。

（2）程毅中：《古代小說與古籍目錄學》，《傳統文化與現代化》，1995 年第 1 期。

（3）林申清：《歷代目錄中的「小說家」和小說目錄》，《圖書與情報》，1997 年第 2 期。

（4）王桂蘭：《論魯迅運用目錄學方法對中國古典小說的研究》，《深圳大學學報》（人文社會科學報），2000 年第 3 期。

（5）王幕東：《談古代書目中的小說著錄》，《圖書館雜誌》，2001 年第 2 期。

（6）王霞：《從中國古典目錄辨析中國古典小說的淵源與分類》，《古今書話》，2003 年第 5 期。

（7）石昌渝：《20 世紀以來的中國古代小說目錄學》，《社會科學管理與評論》，2004 年第 4 期。

（8）馮麗麗：《從古代目錄看傳統小說觀念的演變》，《廣西廣播電視大學學報》，2004 年第 4 期。

（9）翁筱曼：《「小說」的目錄學定位——以〈總目〉的小說觀為視點》，《華南師範大學學報》，2005 年第 3 期。

（10）陳衛星、王勇：《從〈漢志〉小說觀看史志小說家混雜面貌的歷史成因》，《上饒師範學院學報》，2005 年第 5 期。

（11）師婧昭：《我國小說目錄及小說概念的發展》，《中共鄭州市委黨校學報》，2005 年第 6 期。

（12）劉湘蘭：《從古代目錄學看中國文言小說觀念的演變》，《江淮論壇》，2006 年第 1 期。

（13）蒲華軍：《〈隋書經籍志‧子部‧小說〉著錄考》，《康定民族師範高等專科學校學報》，2007 年第 6 期。

（14）胡繼瓊：《論目錄學意義的古小說觀念的形成和發展》，《貴州社會科學》，2007 年第 11 期。

（15）黃毅：《中國古代小說目錄學研究的視角與方法》，《復旦學報》（社會科學報），2008 年第 2 期。

（16）邵毅平、周峨：《論古典目錄學的「小說」概念的非文體性質——兼論古今兩種「小說」概念的本質區別》，《復旦學報》（社會科學版），2008 年第 3 期。

（17）韓峰：《〈總目〉目錄學思想初探——以子部小說類為例》，《黑龍江史志》，2009 年第 19 期。

（18）郝敬：《九世紀的中日史志「小說」觀念——以〈日本國見在書目錄〉所著錄「小說」為考察核心》，《西南大學學報》（社會科學版），2011 年第 5 期。

（19）王齊洲、楊繼剛：《中國古代小說文獻整理與研究應回歸中華文化本位》，《學術研究》，2012 年第 2 期。

以上所列期刊論文，都是從目錄學的角度來研究小說。在漫談歷代史志目錄小說著錄的情況時，一般從《漢志》作為起始點，以《總目》作為終點，而對於《清志》《補編》《拾遺》，皆未有論述。然而，他們的論文在目錄學視域下進行小說研究，仍然對本文起著借鑒作用。其中，尤以蔣寅、王幕東、石昌渝、胡繼瓊、郝敬及王齊洲的論文深具啟發性。

1991 年時，蔣寅發表其論文，指出目錄學與文學研究有密切關係，然而當時的學術界對這個課題的關注還不夠。他自己便嘗試通過對歷代目錄著錄的異同，從一個側面探討了古代小說觀念的演變，其中著重論述了《新唐志》對小說概念的把握及其貢獻，由此透視唐宋人小說觀念的差異。蔣寅的這篇論文為我們研究「三志」提供研究借鑒。王幕東的論文則重點介紹了在小說分類著錄上產生較大影響的幾個重要人物和幾部史志目錄，即班固《漢書‧藝文志》、劉勰《文心雕龍》中有關「小說」的篇章論述、劉知幾《史通‧雜述》、胡應麟《少室山房筆叢‧九流緒論》及紀昀的《四庫全書總目》的子部小說，從而探討古代小說著錄的產生及發展情況。石昌渝則在文章中有序地介紹了 1920 年代以來寫就的通俗小說書目及文言小說書目。他提及了書目編纂的難度，指書目編纂不是簡單的記錄和排比書名，而要求編撰者必須充分直觀地掌握文獻資料，並對文獻資料進行精深的研究。隨著學術的發展，新文獻資料的發現、新觀念的提出，舊的目錄的缺陷便會顯露出來。石昌渝的論述對本文深具啟發。本文在研究「三志」時，必須掌握文獻資料，佔有小

說文獻，對其內容加以辨別鑒定，以期分析《清志》及《補編》《拾遺》子部小說著錄的沿革與觀念的異同。

胡繼瓊的論文則強調，目錄學意義的古小說，在內容性質、形式特點或社會功能上，都與現在文學意義上的小說迥然不同。經過歷代學者的著錄，形成了獨特的小說範疇。它反映出古代目錄學意義上的小說觀念的形成和發展情況，並與現在文學意義上的小說劃清了界限。因此，本文認為回歸史志目錄的子部小說著錄，探討小說在目錄學上的反映，不以今律古，以西律中，才能避免在小說定義及範圍上做不必要的爭論。郝敬則依據《日本國見在書目錄》所著錄的 42 種小說為考查對象，釐清其著錄的正訛，並結合中國正史各《藝文志》與《經籍志》中「小說」的著錄情況進行比較，探究日本目錄學著作中的「小說」觀念與中國史志中的「小說」觀念的關係。郝敬的研究視角、研究材料，不僅新穎，而且深具啟發性。同樣的，本文也應該關注域外漢籍見在書，探究其所著錄的清代文言小說，並對照「三志」，視其異同，進行歸納、比較分析。王齊洲的論文前文已有所敘述，故於茲不重複論述。

總而言之，依據歷代史志目錄子部小說的著錄進行研究，還原當時的小說定義、範圍，是較為穩妥的辦法，這直接影響小說文獻的整理與研究工作，也對小說史的研究深具意義。「三志」的編纂者不同，編纂思想不同，其小說觀念在目錄學上的反映亦有所差異。

4. 析出文獻 2 篇

（1）梁愛民：《傳統目錄學視野下的小說觀念》，梁愛民：《中國小說觀念的嬗變及其文化精神》，北京：中國社會科學出版社，2010 年，第 70～88 頁。

梁愛民的研究文章從詞源學的角度著手進行分析。「小說」一詞從一開始就被賦予了「小」的文化定位，其時的小說，雖然不是嚴格意義上的文學文體，但是，作為載錄思想的文字組合，其文獻性質是確定的。所以，他認為沿著詞源的分析，追蹤到文獻編纂的軌跡中，通過對中國古代文獻目錄的編製的研究，應該更能清晰地探詢到小說觀念的內涵和存在方式。

（2）程毅中：《小說觀的發展和古籍目錄學的調整》，載《古體小說論要》，北京：華齡出版社，2009 年，第 105～122 頁。

程毅中的論文從小說的發展和小說觀的演變考察，提出古代文獻的整理與研究，應該根據中國小說發展史的實際情況和作品的主要內容，進行界定

和分類，努力向「辨章學術，考鏡源流」的目標前進，解決古籍目錄學上的一些疑難問題。他看到中國小說的觀念在漢魏之際有了新的變化，除了作爲近體小說來源的「俳優小說」之外，還有以《燕丹子》《笑林》和《列異傳》爲代表的古體小說陸續出現。這一現象在唐初的《隋志》中有所反映，初步建立了子部小說的傳統觀念和學術體系，並把小說與儒、道並列爲「聖人之教」。此後唐代小說更注重於文學性、虛構性、趣味性的創作，形成小說史上的一大變遷，但正統的史學家、目錄學家大多還是以紀實性爲小說的主要特徵，直到《四庫全書總目》仍以雜事之屬作爲子部小說家的首席，因而小說往往與雜史、傳記及雜家有交錯、混淆的關係。的確，本文在著手進行小說著錄情況時候，也會特別注意這些著錄作品於子史之間的演變，並且具體考察小說家類所收入的作品，做到知見，瞭解編纂者的分類依據，避免望文生義。

二、論文的研究意義

本文以「三志」子部小說著錄爲研究對象，展開清代小說有關問題研究。目前，學界對「三志」子部小說著錄，未有專題論述，即便在歷代史志目錄的小說研究視域裏，與其他的正史《藝文志》或《經籍志》相比，相對受到忽視。實際上，「三志」子部小說著錄，作爲掌握有清一代文言小說文獻總體面貌的目錄書，具有重要的意義與考察的必要。

《清志》爲吳士鑒、章鈺、朱師轍所編，是民國 3 年至 16 年撰寫的《清史稿》中「志」的一部分。《清志》「取則《明史》，斷自清代」，即依《明史・藝文志》僅收有明一代著述之體例，《清志》僅著錄清人著述。《清志》堪稱當時記錄清人著述的最大書目，共著錄圖書 9633 部，子部小說著錄有 63 部，其中清人輯佚前人小說 18 部。目前，對於《清志》的研究論文，多半是從批評的角度來論述的，較多在訂誤方面下工夫。當然，這些文獻的整理工作有助於我們認清其所存在的問題，使「三志」趨向於完善，成爲可靠的工具書。學界歷來對《清志》研究的相對輕視，主要是由於《清志》纂修於時局動盪的年代，經費短缺，參考書目有限，編纂者不能專心工作，後來又因成書倉促等問題，導致文獻記載脫漏嚴重。研究者在論及清代史志目錄研究學術問題時，更傾向於使用《總目》及其他私藏書目，不太重視使用「三志」。

由於清代學術文化盛極一時，著述之豐遠勝前代，未見史志著錄者難以

悉數。於是，20 世紀 50 年代，武作成先生作《補編》，補錄了超過 1 萬種書目，其中文言小說著錄占 52 部，然而仍與清人著述相去甚遠。1983 年，王紹曾先生創議編《拾遺》，欲使一代史志臻於完備，以求掌握一代著述之全貌，並窮究清代學術文化之流變。歷經 10 年，《拾遺》終於完成。全書網羅清人小說著述爲《清志》與《補編》所未收者，達 54,000 餘種，並以類相從，各著版本，兼明出處，原原本本。其中，子部小說著錄達 459 部。以上「三志」共著錄小說作品 574 部（含清人輯佚前人小說 18 部），2859 卷（不含不分卷者 13 部）。《補編》著錄彈詞和章回演義小說未記入，《拾遺》在集部所著錄的話本、通俗演義、翻譯小說也不在本課題研究範圍內，故未記入。

　　另外，「三志」的編纂者所處的時代背景都不同，因此他們的編纂思想亦必有所不同。因此，探討「三志」子部小說著錄的標準，有助於分析、總結有清一代史志目錄編纂者思想及其小說觀念，並考察其與小說史研究有關的學術問題。「三志」作爲正史《藝文志》的一部分，對其研究的論述雖不及前朝的史志目錄，但其研究價值同樣深具重要性，具有辨章學術、考鏡源流的作用。余嘉錫先生曾云：「治學之士，無不先窺目錄以爲津逮，較其他學術，尤爲重要。」〔註 3〕可見，研究「三志」有助於揭示清代小說研究的門徑，亦是治小說史之要。余嘉錫先生將目錄書分爲三類：「一曰部類之後有小序，書名之下有解題者；二曰有小序而無解題者；三曰小序解題並無，只著書名者。」〔註 4〕而「三志」屬第三類。這類書目「雖不辨流別，只記書名，但若出自通人之手，則其分門別類，秩然不紊，亦足以考鏡源流，示初學者讀書門徑。」〔註 5〕《清志》的編纂，雖然有很多錯誤訛謬，爲現代學者所詬病，然就其書目分類而言，還不能因噎廢食，否定其價值。

　　文言小說，是相對於白話小說而言的。中國古代小說一般分爲兩類：一類是二十五史《藝文志》著錄的小說，指史志子部小說，亦即文言小說；一類是不爲史志著錄而流行於民間的通俗小說，亦稱白話小說。文言小說的出現要早於白話小說，歷代史志和私家目錄對文言小說的著錄雖不夠完善，卻沒有中斷過。反之，對白話小說卻不予理會。然而，自從新文化運動主張白話文學的思潮被提倡後，文言小說因此遭受冷遇，而俗語文體的白話小說則被推崇爲文學正宗。故很長一段時間以來，學界偏向研究白話小說的目錄學

〔註 3〕　余嘉錫：《目錄學發微》，北京：中華書局，2007 年，第 7 頁。
〔註 4〕　余嘉錫：《目錄學發微》，北京：中華書局，2007 年，第 8 頁。
〔註 5〕　余嘉錫：《目錄學發微》，北京：中華書局，2007 年，第 15 頁。

著述，而文言小說目錄的研究卻乏人問津。直到 20 世紀 80 年代初，情況才有所變化。然而，由於古代小說觀念與現代小說觀念存在著巨大的差異，因此學界歷來對「小說」定義仍爭論不斷，永無休止。

現代所說的小說是與詩歌、散文相對而言的一種文學體裁，這和古代文獻中所說的小說是很不同的，古代的小說文獻包括筆記小說、傳奇、文言章回小說、通俗小說等。在史志目錄中，由劉向父子的六分法，演變到後來的四分法，或在「諸子略」裏，小說家類或隸屬於子部，都有一席之地。現代意義的小說濫觴於史志目錄中所記載的小說家，又同時受到西方小說觀念的影響，故今人不能一味用後來的小說標準來框定、非議古人所著錄的小說。我們必須先追根溯源，瞭解小說內涵的演變與發展，才能清晰勾勒出屬於中國本土的小說史。而最好的方法，莫過於從目錄學的小說家類著錄情況著手進行分析，做紮實的文獻整理與考論分析，避開空疏的談論，漫談小說觀念。清代文言小說創作數量之巨，有清一代公私書目中小說著錄可以引以為證。若從「三志」子部小說著錄的角度著手進行分析，可以發現清代文言小說的研究分布不均，有些作品的研究已經達到深入、細緻的程度，如《虞初新志》《閱微草堂筆記》及《聊齋誌異》，但有些作品卻未曾進入研究者的視野或被行之於文，如《皇華紀聞》《甕牖餘談》《耐冷談》《鐵若筆談》《簪雲樓雜說》《廣東火劫記》等。

由此觀之，清代文言小說這部分，仍然留給研究者相對而言更大的探索空間。此外，小說觀念的不同，也導致了某些作品在「小說」以外名目進行研究。本文的研究，除了注重「三志」子部小說著錄數量的演變，也必須全面瞭解小說著錄的內容之演變，因此有必要盡可能考察全部「三志」所著錄的子部小說文獻。如此才能將「三志」子部小說著錄的特點，編纂者到底把哪些作品歸類在小說裏頭，哪些摒除在外，徹底摸清他們在目錄學所反映的小說觀念等問題，並在此基礎上探討「三志」的小說史研究問題。

當然，史志目錄著錄的小說並非中國文言小說的全部內容，中國文言小說還包含了歷代私家書目所著錄的小說，代表著民間立場與非正統小說觀念。為了更清楚的認識《清志》子部小說的著錄情況，無疑得借鑒清代編纂的官修書目，即《四庫全書總目》及私家書目進行比較分析。本文相信，通過對「三志」子部小說著錄的梳理及研究，能把有清一代的史志目錄研究、清代的文言小說史、文言小說思想史等相關學科領域引向深入，使《清志》

獲得學術史上應有的價值認可與重視。在這以前，必須先掌握「三志」子部
小說著錄研究的總體概況。

三、研究思路與方法

　　本文作爲「三志」子部小說著錄的研究，有必要掌握有清一代小說文獻
的著錄全貌及編纂者的小說觀念。故擬作五章分別論述。

　　第一章述歷代史志目錄子部小說著錄之沿革。由於學術界關於《清志》
《補編》及《拾遺》的研究甚少，更不用說是其中的子部小說著錄研究了。
故本文擬從宏觀上把握歷代史志目錄子部小說著錄之沿革，由此縱觀歷來子
部小說觀念的變遷、古今文言小說編纂者的看法及文言小說的發展概況，相
信能給本文的研究提供一定的借鑒作用和研究指引。本文首先整理歷代史志
目錄子部小說著錄的類別與數量，其次探討歷代史志目錄子部小說著錄標
準，梳理出中國傳統史志目錄的小說觀念與著錄標準。不僅如此，本文也爲
今人編纂的文言小說專科目錄的編纂作一個簡要的綜述，考察古今文言小說
目錄編纂存在的聯繫性。

　　第二章述「三志」及其小說類屬著錄情況考述。《藝文志》爲《清史稿》
十六志之一，而子部小說爲《藝文志》十四類之一。換言之，作爲《清史稿》
一部分的《清志》，或者說作爲《清志》一部分的子部小說，有些問題是不可
分割來談的。《補編》與《拾遺》的情況也是同樣的。故本文擬逐一分析「三
志」的編纂者、體例及批評，由《藝文志》推及到其小說類，以此把握住「三
志」子部小說著錄的特點。

　　第三章述「三志」子部小說著錄差異的原因分析。《清志》著錄 63 部小
說，《補編》著錄 52 部，而《拾遺》則著錄了 459 部小說。何以《拾遺》與
《清志》《補編》在著錄數量上的差距如此之大呢？本章的寫作主要解決這個
問題。本文擬從成書背景、著錄來源及編纂態度與思想的不同這三方面來論
述，試圖解釋這個現象。

　　第四章述《清志》小說著錄與清代公私書目比較。本章擬將《清志》與
作爲官修的《總目》及清代私家藏書目錄的子部小說著錄進行比較，以此把
握有清一代小說著錄的大致面貌，並進一步考察《清志》與《總目》、清代私
家藏書目錄的編纂者的小說觀念。

　　第五章述「三志」子部小說著錄之小說史研究意義。文學史的寫作，應

該講求全面且客觀，而撰寫清代的文言小說史，應該掌握全部資料，在最大程度上把握有清一代的小說文獻，「三志」無疑是一有利的門徑。本文擬對「三志」的子部小說著錄的著述進行商榷，或者剔除，或者拾遺補缺，力求在最大程度上掌握有清一代文言小說文獻的全部信息。如此，才有可能進一步探究清代文言小說史的寫作。接著，本章將考察現有的清代文言小說史著作的引書，與「三志」進行比較，分析兩者之間存在的聯繫性與差異性，由此進一步深入到小說史研究的層面，除了對現有的小說史著作進行省思，也對清代文言小說史的寫作進行思考，以期能還原中國有清一代文言小說史的發展全貌，並且是觀照時人小說觀念的小說史，而非按照今人小說觀念編寫的小說史。

　　為了有效地解決問題及克服研究的難題，本文將採取幾種研究方法，即目錄學方法、思想史方法、史源學方法及定量分析方法。本文的研究，著重在目錄學研究。首先依據的就是「三志」。由於「三志」的編纂者不同，故其小說觀念的目錄學反映亦有所不同。因此，目錄學方法是本文進行研究的基礎工作。

　　思想史方法也是本文重要的研究方案之一。文獻的編纂，著錄的取捨與標準，其背後都有深刻的思想史背景。研究「三志」的子部小說著錄，分析三者之間的差異，需要借助思想史的方法，這當中涉及的不僅是編纂者的小說思想史，還涉及到了編纂者的小說觀念在目錄學的反映。

　　文獻學的研究方法，包括史源學方法。「三志」的著錄都有其依據，比如在體例上倣仿《明史‧藝文志》，在文獻著錄方面，多徵引官私簿錄。除了《拾遺》在每書之下注其出處，《清志》和《補編》則未有說明。史源學方法有助於本文分析「三志」的著錄來源，並就著錄書目與徵引書目之間存在的問題進行分析。

　　此外，本文通篇的寫作都涉及到了定量分析。《利維坦》中的第五章「論推理與學術」論及道：「當一個人進行推理時，他所做的不過是在心中將各部相加求得一個總和，或是在心中將一個數目減去另一個數目求得一個餘數」〔註6〕，而且這些運算法並不限於數字方面，如同「政治學著作家把契

〔註6〕〔英〕霍布斯著，黎思復、黎廷弼譯，楊昌裕校：《利維坦》，北京：商務印書館，2012年，第27頁。

約加起來以便找出人們的義務，法律學家則把法律和事實加起來以便找出私
人行爲中的是和非」〔註 7〕。無論什麼事物，只要用得著加減，就用得著推
理。正是透過定量分析方法，本文得以闡釋小說著錄的各種現象，並且逐一
推理、論證、解決「三志」小說著錄所產生的相關問題。

　　爲了論述簡潔以及節省篇幅，本文對部分使用頻繁的書目文獻採用簡
稱，特列以下「常用書目文獻全稱與簡稱一覽表」，以便對照閱讀。

表一：常用書目文獻全稱與簡稱一覽表

	文 獻 全 稱	編　著	簡　稱
二十五史藝文志及補編	清史稿‧藝文志	章鈺等	清志
	清史稿藝文志補編	武作成	補編
	清史稿藝文志拾遺	王紹曾	拾遺
	漢書藝文志	〔漢〕班固	漢志
	漢書藝文志拾補	〔清〕姚振宗	漢志拾補
	補後漢書藝文志並考	〔清〕曾樸	補後漢志並考
	後漢藝文志	〔清〕姚振宗	後漢志
	補後漢書藝文志	〔清〕顧櫰三	補後漢志
	三國藝文志	〔清〕姚振宗	三國志
	補三國藝文志	〔清〕侯康	補三國志
	補晉書藝文志	〔清〕秦榮光	補晉志
	補宋書藝文志	〔清〕聶崇岐	補宋志
	補南齊書藝文志	陳述	補南齊志
	補南北史藝文志	徐崇	補南北志
	隋書‧經籍志	〔唐〕魏徵	隋志
	舊唐書‧經籍志	（後晉）劉昫	舊唐志
	新唐書‧藝文志	〔宋〕歐陽修	新唐志
	補五代史藝文志	〔清〕顧櫰三	補五代志
	補南唐藝文志	〔清〕汪振民	補南唐志
	宋史‧藝文志	（元）脫脫	宋志
	宋史藝文志補	〔清〕黃虞稷、倪燦撰，（清盧文弨補）	宋志補

〔註 7〕　〔英〕霍布斯著，黎思復、黎廷弼譯，楊昌裕校：《利維坦》，北京：商務印
　　　　書館，2012 年，第 28 頁。

	補元史藝文志	〔清〕錢大昕	補元志
	補遼金元藝文志	〔清〕黃虞稷、倪燦撰，（清盧文弨補）	補遼金元志
	補三史藝文志	〔清〕金門詔	補三史志
	金藝文志補錄	〔清〕龔顯曾	金志補
	金史藝文略	〔清〕孫德謙	金史略
	明史‧藝文志	〔清〕張廷玉	明志
官私書目	四庫全書總目	〔清〕紀昀	總目
	續修四庫全書提要	東方文化事業委員會	續提要
	愚齋圖書館藏書目錄	盛宣懷	愚齋目
	觀古堂藏書目	葉德輝	觀古堂目
	八千卷樓書目	〔清〕丁仁	八千目
	藏園訂補邵亭知見傳本書目	〔清〕莫友芝	傳本書目
	鄭堂讀書記	〔清〕周中孚	鄭堂記
	孫氏祠堂書目	〔清〕孫星衍	孫氏目
	文瑞樓藏書目錄	〔清〕金檀	文瑞目
	傳是樓書目	〔清〕徐乾學	傳是目
	越縵堂讀書記	〔清〕李慈銘	越縵堂記
	吟香仙館書目	〔清〕馬瀛	吟香仙目
今人編纂書目	古小說簡目	程毅中	程氏簡目
	中國文言小說書目	袁行霈、侯忠義	袁氏目
	中國文言小說總目提要	寧稼雨	寧氏目
	中國文言小說總目提要‧剔除書目	寧稼雨	剔除書目
	中國古代小說總目（文言卷）	石昌渝	石氏目
	中國古代小說總目提要	朱一玄、寧稼雨、陳桂聲	朱氏目
	中國古代小說百科全書	劉世德	劉氏百科全書
	「《古代小說典》數據庫」	國學網總編室	小說典
小說史	中國小說史略	魯迅	小說史略
	中國文言小說史稿	侯忠義	侯稿
	清代小說史	張浚	張史
	中國文言小說史	吳志達	吳史

第一章　歷代史志子部小說著錄之沿革

　　爲了更宏觀、更客觀把握子部小說與目錄學的關係，爲了更好地、更深刻地認識到《清志》《補編》及《拾遺》對清代文言小說的著錄，本章擬對有清以前史志目錄子部小說著錄進行分析，考察子部小說在歷代正史《藝文志》或《經籍志》著錄情況的演變與發展。本章將整理各志的子部小說著錄數量、序列，分析論述歷代子部小說觀念的變化與發展，並考察今人編纂的文言小說專科目錄，以便較全面地掌握古今小說目錄學家對文言小說著錄的情況。

第一節　歷代史志子部小說著錄數量與序列整理

　　在史志目錄中，某一類別的著錄數量與序列，都暗示了編纂者對於那個門類的觀念與重視程度，現將本文所考察的歷代史志目錄子部小說著錄的數量與序列，以列表的形式分析。

表二：歷代史志目錄子部小說著錄數量與序列表

史志目錄 （簡稱）	時代	作　者	子　部　諸　家　排　序		著錄作品時代範圍	文言小說部數
			小說家序位	子　部　諸　家　類　序		
《漢志》1卷	漢	班固（32〜92）	10/10	諸子略：儒家、道家、陰陽家、法家、名家、墨家、縱橫家、農家、雜家、小說家	漢及漢前	15

《漢志拾補》6卷	清	姚振宗（1842～1906）	10/10	諸子略：儒家、道家、陰陽家、法家、名家、墨家、縱橫家、雜家、農家、小說家	漢及漢前	13
《補後漢志》4卷	清	顧櫰三（1785～1853）	7/7	卷八：諸子類、陰陽雜家類、兵家類、醫家類、佛書類、道書類、小說類	東漢	12
《後漢志》4卷	清	姚振宗（1842～1906）	7/12	子部：儒家、道家、法家、兵家、農家、雜家、小說家、天文家、曆算家、五行家、醫家、雜藝術家	東漢	5
《補後漢志並考》（各1卷）	清	曾樸（1872～1935）	10/11	子兵志：儒家、道家、陰陽家、法家、名家、墨家、縱橫家、雜家、農家、小說家、兵家	東漢	2
《三國志》4卷	清	姚振宗（1842～1906）	7/12	子部：儒家、道家、法家、名家、兵家、雜家、小說家、天文家、曆算家、五行家、醫家、雜藝術家	漢及漢前	3
《補三國志》4卷	清	侯康（1798～1837）	13/13	子部：儒家、法家、名家、兵家、農家、道家、雜家、天文家、曆算家、五行家、醫方家、雜藝、小說家	漢及漢前	2
《補晉志》4卷	清	秦榮光（1841～1904）	11/13	子部：儒家、兵家、法家、醫家、天文算法、術數類、藝術、譜錄、雜家、類書、小說、釋家、道家	漢及漢前	30
《補宋志》1卷	清	聶崇岐（1903～1962）	--	子部：不分類	漢及漢前	2
《補南齊志》4卷		陳述（1911～1992）	5/9	子部：道家、釋家、雜家、類書、小說家、曆算、五行、雜藝術、醫術	漢及漢前	2
《補南北志》3卷		徐崇	5/10	子部：道家、名家、縱橫家、雜家、小說家、兵家、天文、曆數、五行、醫方	漢及漢前	5
《隋志》4卷	唐	魏徵（580～643）	9/14	子部：儒家、道家、法家、名家、墨家、縱橫家、雜家、農家、小說家、兵家、天文、曆數、五行、醫方	隋及隋前	25
《舊唐志》2卷	後晉	劉昫（887～946）	9/17	丙部爲子：儒家、道家、法家、名家、墨家、縱橫家、雜家、農家、小說家、天文、曆算、兵書、五行、雜藝術、類事、經脈、醫術	唐及唐前	14

《新唐志》4卷	宋	歐陽修（1007～1072）	9/17	丙部子錄：儒家、道家（附釋氏）、法家、名家、墨家、縱橫家、雜家、農家、小說家、天文、曆算、兵書、五行、藝術、類書、明經堂脈類、醫術	唐及唐前	123
《補五代志》1卷	清	顧櫰三（1785～1853）	--	全書按類著錄：經部、史部、霸史、雜史、表狀、格令、儀注、聲樂、小學、曆算、儒家、道家、釋氏、雜家、技術、輿地、小說家、總集、詩文集	五代	63
《補南唐志》	清	汪振民（不詳）	--	全書按類著錄：經部、史部、儒家類、老釋雜家技術類、輿地類、小說類	五代	19
《宋志》8卷	元	脫脫（1314～1355）	9/17	子部：儒家、道家（釋氏及神仙附）、法家、名家、墨家、縱橫家、農家、雜家、小說家、天文、五行、蓍龜類、曆算、兵書、雜藝術、類書、醫書	宋及宋前	359
《宋志補》1卷	清	黃虞稷（1629～1691）倪燦撰（1626～1687）盧文弨補（1717～1796）	4/13	子部：儒家、雜家（前代藝文志列名法諸家，後代沿之，然寥寥無幾備數而已，今削之總附雜家）、農家、小說家、兵書、天文、曆數、五行、醫方、雜藝術、類書、道家、釋家	以宋為主，雜數部元人作品	48
《補元志》4卷	清	錢大昕（1728～1804）	6/14	子部：儒家、道家、經濟家、農家、雜家、小說家、類事、天文、算術、五行、兵家、醫方、雜藝、釋道	遼金元	16
《補遼金元志》1卷	清	黃虞稷（1629～1691）倪燦撰（1626～1687）盧文弨補（1717～1796）	4/13	子部：儒家、雜家、農家、小說家、兵書、天文、曆數、五行、醫方、雜藝術、類書、道家、釋家	遼金元	35
《補三史志》1卷	清	金門詔（1672～1751）	10/10	子部：儒家、道家、釋家、天文家、五行家、兵家、縱橫家、農家、雜家、小說家類	遼金元	6
《金志補》	清	龔顯曾（1841～1885）	8/12	子部：儒家、兵家、醫家、天文、曆算、術數、雜家、小說家、雜藝術類、道家、釋家、類事	遼金元	5

《金史略》	清	孫德謙（1869～1935）	6/14	子部：儒家、道家、名家、法家、雜家、小說家、兵家、醫家、天文曆算家、五行、藝術、類纂家、釋家	遼金元	3
《明志》4卷	清	張廷玉（1672～1755）	4/12	子部：儒家、雜家（前代藝文志列名法諸家，後代沿之，然寥寥無幾備數而已，今削之總附雜家）、農家、小說家、兵書、天文、曆數、五行、藝術類（醫書附）、類書、道家、釋家	明代	127
《清志》4卷	清	趙爾巽（1844～1927）	12/14	子部：儒家、兵家、法家、農家、醫家、天文算法、術數、藝術、譜錄、雜家、類書、小說家、釋家、道家	清代	63
《補編》		武作成	12/14	子部：儒家、兵家、法家、農家、醫家、天文算法、術數、藝術、譜錄、雜家、類書、小說家、釋家、道家	清代	52
《拾遺》		王紹曾（1910～2007）	13/16	子部：總類、儒家、道家、兵家、法家、農家、醫家、天文算法、術數、藝術、譜錄、雜家、類書、小說家、宗教、新學	清代	459
總和						1508

　　中國文言小說自《漢志》開始，一向被劃入子部。而子部之書在《史記‧太史公自序》裏，司馬談只論及六家，即陰陽家、儒家、墨家、法家、名家與道家。至劉向撰《七略》時，則加入了縱橫家、雜家、農家和小說家四家。小說雖被列於末位，但也由此登上學術史的行列。《漢志》依循《七略》，給了小說家一席之位。《隋志》子部擴充到 14 家，小說家由第十位升到第九位，列在兵家之前，還與儒、道並稱為「聖人之教」，地位顯著提高。此後的歷代書目如《舊唐志》《新唐志》對子部書都作了一些調整與擴充，如《舊唐志》較之《隋志》增錄了雜藝術、類事，又將前志的醫方劃分為經脈與醫術兩家，共 17 家。《新唐志》子部亦著錄 17 家，只是在類別名稱上稍作修改，如「雜藝術」改為「藝術」；「類事」改為「類書」；「經脈」改為「明經堂脈類」。《兩唐志》都一樣地將小說家排在第九位，繼儒家、道家、法家、名家、墨家、縱橫家、雜家、農家之後。《宋志》的小說家被置於第四位，排位上看似提升了不少，實則因為《宋志》認為前代《藝文志》列名法諸家，沒有

考察其作品數量不過是寥寥無幾，卻因襲沿之，故將它們總歸在「雜家」內，而又將「道家」「釋家」兩類排在末尾，可以說《宋志》的編纂者是把小說的地位看得比道家、釋家兩家更為重要的。《明志》子部共著錄 12 家，依序為：儒家、雜家、農家、小說家、兵書、天文、曆數、五行、藝術（附醫書）、類書、道家、釋家。其排序基本繼承了《宋志》的意識，只是略去「醫方」一家，將之附在「藝術」類之後。小說家依舊排在第四位，地位被提高了許多。然而，同是清代人編纂的《總目》則與《明志》的子部著錄大有不同。《總目》子部分為儒、兵、法、農、醫、天文、術數、藝術、譜錄、雜、類書、小說、釋、道 14 類；小說家則列在第 12 位，排在類書之後，與《隋志》及《明志》相較，地位反而更低了。《清志》的體例比照《明志》，在子部門類的分類及序位方面，卻依循《總目》，並無作任何調整與改動。以上所述歷代正史《藝文志》，共著錄小說作品數 726 部。

　　由於正史中有《藝文志》的，只有《漢志》《隋志》《舊唐志》《新唐志》《宋志》《明志》《清志》，且歷代正史《藝文志》中所著錄的小說作品數與歷代實際創作的小說著述數量還相去甚遠。故清代學者對前志作了許多補錄之作，本文選取清代人續志或補志中較為重要的史志目錄，考察小說家的類別與數量的著錄情況。

　　本文所考察的對象中，關於漢代的補志共四部，即姚振宗《漢志拾補》（13 部）、顧櫰三《補後漢志》（12 部）、姚振宗《後漢志》（5 部）、曾樸《補後漢志並考》（2 部），包括《漢志》，5 部史志目錄，除去重複者，共計 44 部小說作品。而魏晉南北朝史的補志，則選取了姚振宗的《三國志》（3 部）、侯康的《補三國志》（2 部）、秦榮光的《補晉志》（30 部）、聶崇岐《補宋志》（2 部）、陳述的《補南齊志》（2 部）、徐崇的《補南北志》（5 部）作為考察對象，六部史志目錄除去重複者，共著錄了 41 部小說作品。

　　五代史《藝文志》的主要補編則有顧櫰三的《補五代志》（63 部）及汪振民的《補南唐志》（19 部）。除去重複，兩種補志共著錄 68 部小說作品。倪燦與盧文弨也編纂了《宋志補》，為《宋志》補錄了 45 部小說作品，以宋人為主，亦雜有數部元人作品。關於遼金元史《藝文志》的補編情況，本文收錄了五種補志，即錢大昕《補元志》（16 部）、由倪燦撰，盧文弨補的《補遼金元志》（35 部）、金門詔《補三史志》（6 部）、龔顯曾《金志補》（5 部）及孫德謙《金史略》（3 部），除去重複，上述五種補志共著錄 49 部小說作品。

　　清代人對前朝總共增補了 271 部作品。而《清志》著錄的小說作品數，脫漏甚為嚴重，故近人武作成與王紹曾對其作相應的補撰。武作成的《補編》共增補了 52 部小說，而王紹曾的《拾遺》則增補了 459 部小說作品，可謂用力至深。歷代各朝正史《藝文志》的續志及補志總共增補了 782 部作品。正史《藝文志》及各朝補志總共著錄了 1,508 部小說。

　　從清代學者的續志或補志中，考察他們賦予小說家在子部中的序位，可以看出不同學者的小說觀念。姚振宗、顧櫰三、曾樸、侯康、秦榮光、陳述、金門詔、龔顯曾都把小說家置於子部後半段的位置，一般介於雜家、農家與天文、曆算之間。唯獨侯康編纂的《補三國志》將小說家列於末端，即在天文家、曆算家、五行家、醫方、雜藝之後。可見，在侯康的學術觀念中，小說的重要性是最微不足道的，地位最下。而秦榮光的《補晉志》的小說家依然處在末段，在類書後，釋家、道家前，倒數第三位。可見，他對小說家及釋、道兩家相對輕視，而那些素來在歷代史志目錄中位列末段的醫家、天文算法、術數、藝術、譜錄的類別，在序位上反而得到提升，依序排在第四至第八的位置。

　　另外，本文考察黃虞稷、倪燦、盧文弨、錢大昕、孫德謙等人編纂的補志中的小說家序列，發現小說家在子部的地位相對而言較高。黃虞稷等人在其編纂的《宋志補》及《補遼金元志》的子部著錄中，共計 13 家，而小說則被提前到第四位，繼儒家、雜家、農家之後。錢大昕的《補元志》與孫德謙的《金史略》，子部著錄共 14 家，小說家同列第六位，大致介於雜家與天文曆算家之間。

　　總的來說，這些補志著作在目錄學上的意義重大。正如王紹曾在《拾遺》中所說的，有了補志，才能與全史中的《藝文志》相輔而行，中國歷代學術文化發展，自此始有脈絡可尋，讀者亦可大概知悉一代藏書與著述之盛，對學術文化史的研究者來說是巨大的寶貴材料。〔註 1〕

第二節　歷代史志子部小說著錄標準

　　瞭解了歷代史志目錄的子部小說著錄數量與序列安排的情況後，本文緊接著探討歷代史志目錄的編纂體例，並通過考察歷代史志目錄對於同一部小

〔註 1〕王紹曾主編：《清史稿藝文志拾遺‧前言》，北京：中華書局，2000 年，第 7 頁。

說分類的不同，由此分析出小說觀念的變化。

一、編纂體例

　　關於本文所考察的歷代史志目錄，編纂體例有兩類：一是部類之後有小序，但書名無解題；如《漢志》《隋志》；一是小序、解題並無，只著書名，如《舊唐志》《新唐志》《宋志》《明志》《清志》等，都在此列之中。余嘉錫先生曾指出，這類書目不辨流別，但記書名，深爲《隋志》所譏，然苟出自通人之手，則其分門別類，秩然不紊，亦足以考鏡源流，示初學者讀書門徑，這就是鄭樵所謂「類例既分，學術自明」的意思。〔註2〕

　　而歷代史志目錄著錄文獻的方式有兩種，一是記一代藏書，一是記一代著述。前者是歷代史官在修史時，根據同時期的國家藏書情況而修成的，目的是記一代藏書之盛，把一個時代的學術文化情況作爲歷史的記錄，以便和正史一同流傳。〔註3〕後者則只記錄一代著述。正史《經籍志》或《藝文志》中，記一代藏書的有《漢志》《隋志》《舊唐志》《新唐志》及《宋志》。到了清代，編纂《明志》時則變革舊制，僅記一代著述。以後的《清志》依循《明志》的體例，只記一代之著述。

　　《漢志》開啓《藝文志》記一代藏書之路，而《明志》卻另闢途徑，只記一代著述之概況，促成這兩種迥然不同的著錄標準的考量又在哪裏呢？可以說，這與國家藏書及時代政治背景不無關係。《後漢書・儒林傳》中說：「昔王莽、更始之際，天下散亂，禮樂分崩，典文殘落。及光武中興，愛好經術，未及下車，而先訪儒雅，採求闕文，補綴漏逸。先是四方學士多懷協圖書，遁逃林藪。自是莫不抱負墳策，雲會京師，范升、陳元、鄭興、杜林、衛宏、劉昆、桓榮之徒，繼踵而集。於是立《五經》博士，各以家法教授。」〔註4〕又說：「初，光武遷還洛陽，其經牒秘書載之二千餘兩，自此以後，參倍於前。」〔註5〕《隋志・序》亦日：「光武中興，篤好文雅，明、章繼緒，尤

〔註2〕余嘉錫：《目錄學發微》，北京：中華書局，2007年，第15頁。

〔註3〕高路明：《古籍目錄及其功用》，王國良、王秋桂：《中國圖書文獻學論集》，臺北：臺北明文書局，1986年。

〔註4〕〔宋〕范曄撰，〔唐〕李賢等注：《後漢書》，北京：中華書局，1965年，第2545頁。

〔註5〕〔宋〕范曄撰，〔唐〕李賢等注：《後漢書》，北京：中華書局，1965年，第2548頁。

重經術。四方鴻生巨儒，負袠自遠而至者，不可勝算。石室、蘭臺，彌以充積。又於東觀及仁壽閣集新書，校書郎班固、傅毅等典掌焉。並依《七略》而爲書部，固又編之，以爲《漢書·藝文志》」。〔註6〕這幾段文字清楚記載了《漢志》編纂之時，全國各地獻書的情況，朝廷有了豐富的書庫作爲編纂資源，才能爲史志目錄提供有利的撰寫條件。班固在《漢書·敍傳》中曾闡明其撰史的宗旨謂：「故雖堯舜之盛，必有典謨之篇，然後揚名於後世，冠德於百王，故曰：『巍巍乎其有成功，煥乎其有文章也！』」〔註7〕又曰：「庖羲畫卦，書契後作，虞夏商周，孔纂其業，撰《書》刪《詩》，綴《禮》正《樂》，象繫大《易》，因史立法。六學既登，遭世罔弘，群言紛亂，諸子相騰。秦人是滅，漢修其缺，劉向司籍，九流以別。爰著目錄，略序洪烈。述《藝文志》第十。」〔註8〕故知，班固撰《漢書》不僅爲了歌頌漢朝之功德，也是爲了記錄一代藏書之盛況，藉以傳世致用。清人趙翼便在《廿二史箚記》中贊《漢書》相較於《史記》，能夠「多載有用之文」。〔註9〕班固在《七略》的基礎上，「刪其要，以備篇輯」，藉以集百家學說，反映學術源流，將圖書依序分爲《輯略》《六藝略》《諸子略》《詩賦略》《兵書略》《術數略》《方技略》。在體例上，也遵循《七略》，收書以先秦古典文獻爲主，旨在窮古今之變。小說家類，作爲《諸子略》的第十家，也是從「用」這個角度著眼的。可見，促成《漢志》編纂體例的原因，除了資源條件的許可，也在於班固本身的編纂觀念，認爲史志目錄該具有傳世致用的功能，小說家自此躋身《諸子略》中。

　　班固開創了記錄一代藏書的史志目錄體例，也影響了後代史志目錄的撰寫。這種影響是含積極意義的。姚振宗在《漢書藝文志條理敍錄》中說：「今欲求周秦學術之淵源，古昔典籍之綱紀，捨是志無由津逮焉。」〔註10〕所以，

〔註6〕　〔唐〕魏徵等撰：《隋書》，北京：中華書局，1973 年，第 906 頁。

〔註7〕　〔漢〕班固撰，〔唐〕顏師古注：《漢書·敍傳》，北京：中華書局，1962 年，第 4235 頁。

〔註8〕　〔漢〕班固撰，〔唐〕顏師古注：《漢書·敍傳》，北京：中華書局，1962 年，第 4244 頁。

〔註9〕　〔清〕趙翼著，王樹民校正：《廿二史箚記校正》，北京：中華書局，1984 年，第 29 頁。

〔註10〕　〔清〕姚振宗撰，項永琴整理：《漢書藝文志條理》，王承略、劉心明主編：《二十五史藝文經籍志考補萃編》，第三卷，北京：清華大學出版社，2011 年，第 20 頁。

清人王鳴盛引金榜的話曰：「不通《漢藝文志》者，不可以讀天下書。《藝文志》者，學問之眉目，著述之門戶也。」〔註11〕同樣的，要對小說的源流與發展，有清晰的認識，不能不從《漢志》入手。魯迅在撰寫《小說史略》的過程中，就利用歷代史志目錄記錄一代藏書的特點，對中國小說的歷史源流及其演變進行考證。既然如此，何以《明志》要改史志目錄記一代藏書之體例，而選擇另闢途徑，僅記一代著述呢？這樣的一種做法是否可取呢？

上文述及史志目錄或記一代藏書之盛，或記一代著述之精華，都與其館藏資源的豐富性不無關係。《漢志》以《七略》為底本，《隋志》掌握的文獻資源則有《史記》《漢書》王儉的《七志》、阮孝緒的《七錄》、荀勖的《晉中經新簿》、李充的《晉元帝四部書目》以及《隋大業正御書目錄》等書。《舊唐志》編纂的主要依據是毋煚的《古今書錄》和《開元內外經錄》。《新唐志》的編撰，除了上述兩種書目外，還包括了開元以後的唐人著作。《宋志》的資料來源則更為豐富了，包括呂夷簡等人編的關於宋太祖、宋太宗、宋真宗的《三朝國史・藝文志》（源於朱昂、杜鎬、劉承珪等的《館閣書目》）、王珪等人編撰的關於仁宗、英宗的《兩朝國史・藝文志》（源於王堯臣、歐陽修等的《崇文總目》）、李燾等撰的關於神宗、哲宗、徽宗、欽宗的《四朝國史・藝文志》（源於孫覿、倪濤等的《秘書總目》）；而《宋志》的南宋部分則取材於陳騤等人編纂的《中興館閣書目》及張攀等人撰寫的《中興館閣續書目》。

其實，清廷政府纂修《明史》時，藏書的數量亦堪稱豐富的。如楊士奇的《文淵閣書目》，一共著錄了 7,256 部圖書、42,600 多冊。宣宗時秘閣貯書約達兩萬餘部，近百萬卷。朱彝尊說：「文淵閣藏書，乃合宋、金、元所儲收而匯於一，加以明永樂間，南都所運百櫃……縹緗之富，古所未有。」〔註12〕《總目》亦云：「今以《永樂大典》對勘，其所收之書，世無傳本者，往往見於此目，亦可知其儲庋之富。」〔註13〕看來，造成《明史》更改編纂體例的原因，與藏書的資源豐富與否無關。其確切的問題在於，朝廷缺乏高質量的官藏書目作為編纂《明志》的藍本，用以參考、完成正史《藝文志》的編撰。〔註14〕楊士奇的《文淵閣書目》是明代重要的官藏書目，但由於鄙陋之處甚

〔註11〕〔清〕王鳴盛撰：《十七史商榷》，上海：上海書店出版社，2005 年，第 162 頁。
〔註12〕申暢：《中國目錄學家傳略》，鄭州：中州古籍出版社，1987 年，第 65～66 頁。
〔註13〕〔清〕永瑢等撰：《四庫全書總目》，北京：中華書局，1965 年，第 731 頁。
〔註14〕曹金發、董傑：《試析〈明史・藝文志〉專記一代著述的原因》，《合肥學院學報》（社會科學版），2009 年第 1 期，第 79～82 頁。

多，所以學界對其多所貶抑。《總目》評價道：「士奇等承詔編錄，不能考訂撰次，勒爲成書，而徒草率以塞責，較劉向之編《七略》、荀勗之敍《中經》，誠爲有愧。」〔註15〕錢大昕《舊抄本文淵閣書目跋》亦云：「此目不過內閣之簿帳，初非勒爲一書，如《中經簿》《崇文總目》之比。」〔註16〕這幾段文字都說明了《文淵閣書目》的編纂價值與作用不如前代的書目，只將其當作一種圖書館的記錄簿似的，並未視之爲眞正的目錄學著作。在這樣的情況下，《文淵閣書目》自然難以作爲有明一代正史《藝文志》的編纂藍本。

另一部明代目錄之作是焦竑的《國史經籍志》。《國史經籍志》是以鄭樵的《通志·藝文略》爲基礎的，著錄了南宋至明代人的著作，但其所依據的主要是各家書目，不是有明一代的藏書。對於《國史經籍志》，《總目》多所貶抑，批評道：「叢抄舊目，無從考核，不論存亡，率爾濫載，古來目錄，惟是書最不足憑。世以竑負博物之名，莫之敢詰，往往貽誤後生。」〔註17〕當然，明代的官藏書目遠不止這兩部，然而，正如汪辟疆先生在其《目錄學研究》中所說，除了《新定內閣藏書目錄》外，其他的目錄著作如《秘閣書目》《國子監書目》《南雍總目》等，都無足輕重。〔註18〕然而，來新夏先生對《新定內閣藏書目錄》的編纂亦有其意見，評其分類不科學，部類參差錯亂，毫無端緒可言，原書卷數也未全著，體例不完善，實際作用大受限制。〔註19〕綜合古今人對於明代目錄書的評價，可以探知當時《明志》在編纂的過程中，較之前人，確實難有一個讓人滿意和頗爲有用的書目資源。

清代學者倪燦、王鴻緒等人也曾論及《明志》編纂的難度。倪燦云：「今《文淵》之書，既不可憑，且其書僅及元季，三百年作者缺焉。此亦未足稱記載也。故特更其例，去前代之陳編，記一朝之著述。」〔註20〕王鴻緒亦曰：「明季秘書已亡，則前代陳編，無憑記載，第就二百七十年各家著述，足成一志。」〔註21〕看來，《明志》變更體例，實出於迫不得已的情況。

然而，《明志》變更體例，非獨斷之舉，而是有前代史學理論上的支持與

〔註15〕〔清〕永瑢等撰：《四庫全書總目》，北京：中華書局，1965年，第731頁。

〔註16〕來新夏：《古典目錄學》，北京：中華書局，1991年，第238頁。

〔註17〕〔清〕永瑢等撰：《四庫全書總目》，北京：中華書局，1965年，第744頁。

〔註18〕汪辟疆：《目錄學研究》，上海：華東師範大學出版社，2000年，第35頁。

〔註19〕來新夏：《古典目錄學》，北京：中華書局，1991年，第241頁。

〔註20〕姚名達：《中國目錄學史》，上海：上海古籍出版社，2002年，第181頁。

〔註21〕姚名達：《中國目錄學史》，上海：上海古籍出版社，2002年，第182頁。

依據的。史志目錄記錄一代藏書之盛，足可辨章學術，考鏡源流，述其流變及發展，功用甚深。但也有的史學家對此頗不以爲然。唐代史評家劉知幾就極力貶毀前代正史《藝文志》的做法，其在《史通·書志篇》中論及：「班漢定其流別，編爲《藝文志》。論其妄載，事等上篇。續漢以還，祖述不暇。夫前志已錄，而後志仍書，篇目如舊，頻煩互出，何異以水濟水，誰能飲之者乎？」〔註22〕他譏諷《隋志》「廣包眾作，勒成二志，騁其繁富，百倍前修。非唯循覆車而重軌，亦復加闊眉以半額者矣。」〔註23〕爲了解決這一問題，劉知幾開出藥方，提出己見。他說：「藝文一體，古今是同，詳求厥義，未見其可。愚謂凡撰志者，宜除此篇。必不能去，當變其體。近者宋孝王《關東風俗傳》亦有《墳籍志》，其所錄皆鄴下文儒之士，儁校之司。所列書名，唯取當時撰者，習茲楷則，庶免譏嫌。」〔註24〕在《明志》以前，宋孝王《關中風俗傳》早用此例。爾後，劉知幾又反覆申明此一觀點，但唐代的史志目錄並沒有採用劉知幾的主張，直到《明志》在缺乏書目藍本的前提下，才用了這個著錄方式。關於著錄體例這點，張舜徽先生認爲劉知幾之時，《七略》《七錄》猶存，所以劉知幾認爲《漢志》《隋志》煩而不當，但現今看來，全賴此二志存其梗概，而宋孝王的《關中風俗傳》，惟詳當代，這又是其權衡取捨，斟酌得宜的結果。〔註25〕

　　看來，著錄一代藏書，或是一代著述，都不能絕對地說其好壞。著錄一代藏書雖然無可避免重複累贅，但若此前目錄書亡佚，則仰賴的，還是著錄一代藏書的史志目錄，而非記斷代之體的目錄書。並且，張舜徽先生也認爲《明志》是受到劉知幾的啓發，斟酌取捨後，決定捨棄前代著述不著的。他說：「至於議變其體，效後之修《明志》者，實用斯例。蓋知幾此言，有以啓之也。」〔註26〕《明志》雖然解決了現實的問題，然而其使用性也受到侷限，參考實用價值卻大大地減少了。其實，《明志》的改制，也促使了有清一代的補正史藝文志之風氣。例如盧文弨的《補遼金元史藝文志》就表明了凡是沒

〔註22〕〔唐〕劉知幾撰，〔清〕浦起龍釋：《史通通釋》，上海：上海古籍出版社，1978年，第61頁。

〔註23〕〔唐〕劉知幾撰，〔清〕浦起龍釋：《史通通釋》，上海：上海古籍出版社，1978年，第61頁。

〔註24〕〔唐〕劉知幾撰，〔清〕浦起龍釋：《史通通釋》，上海：上海古籍出版社，1978年，第62頁。

〔註25〕張舜徽：《史學三書平議》，北京：中華書局，1983年，第38頁。

〔註26〕張舜徽：《史學三書平議》，北京：中華書局，1983年，第38頁。

有《藝文志》的正史都可以補撰。不僅如此,這些補志也針對原有的正史《藝文志》的一些訛誤和遺漏進行了續補和考證,從而使得有清一代形成了大量豐富的補志目錄。這些補史《藝文志》與正史《藝文志》相結合,具備辨章學術,考鏡源流的一定功用。

上述補志中,一般都是著錄一代著述的目錄學著作,但也有例外,比如錢大昕的《補元志》,除了著錄元代的著述,也著錄了元代人的藏書,即遼、金兩朝的著述。另外還有錢大昭的《補續漢書藝文志》,由於對收書的斷限有不同的見解,所以產生了兼收的情況,即收錄西漢時期的圖書文獻,也收錄了後漢的著述。然而,總的來說,《漢志》記錄一代藏書,具有開創之功;《明志》著錄一代著述,且有變革之功。兩種著錄方式都是與編撰目錄的資源以及資源的實用價值有關,因時制宜而已。《明志》考慮到現實的困難,大膽地作出變革,應該是獲得肯定的。他們給後世的目錄學家提供了兩種著錄方式作參考。

二、歷代史志子部小說觀念變遷

「小說」這一概念,最早出現於《莊子・雜篇・外物》。其言曰:

> 任公子為大鉤巨緇,五十犗以為餌,蹲乎會稽,投竿東海,旦旦而釣,期年不得魚。已而大魚食之,牽巨鉤,錎沒而下,騖揚而奮鬐,白波若山,海水震盪,聲侔鬼神,憚赫千里。任公子得若魚,離而臘之,自制河以東,蒼梧已北,莫不厭若魚者。已而後世輇才諷說之徒,皆驚而相告也。夫揭竿累,趣灌瀆,守鯢鮒,其於得大魚難矣,飾小說以干縣令,其於大達亦遠矣,是以未嘗聞任氏之風俗,其不可與經於世亦遠矣。〔註27〕

文中借任公子為大鉤釣大魚的故事諷刺目光如豆、好發議論的淺薄之士。關於「飾小說以干縣令,其於大達亦遠矣」一句,郭象注釋曰:「干,求也。縣,高也。夫修飾小行,矜持言說,以求為高明令聞者,必不能大通於至道。」〔註28〕這裡的「小說」是相對於「道家」學說而言之的。然而,莊子所說的「小說」並非特指今人概念上的「小說」文體,有可能指道家末

〔註27〕〔清〕郭慶藩撰,王孝魚點校:《莊子集釋》,北京:中華書局,1961 年,第925 頁。

〔註28〕〔清〕郭慶藩撰,王孝魚點校:《莊子集釋》,北京:中華書局,1961 年,第927 頁。

流的小説，也可能是指道家以外的其他學説。同樣的，先秦諸子所謂的「小説」並不特指某一家學説或某一類文體，只是作爲自家學説以外或其末流的通稱。然而，小説之「小」，就意味了一種價值判斷。〔註29〕漢武帝時期，在學術上罷黜百家，獨尊儒術。揚雄《法言・吾子》云：「好書而不要諸仲尼，書肆也；好説而不要諸仲尼，説鈴也。」李軌注曰：「鈴，以喻小聲，猶小説不合大雅。」〔註30〕這裡的「説鈴」指的是不合義理的瑣屑之言。後來，清人吳震方也編了一部筆記小説，名爲《説鈴》。顯然，揚雄的「説鈴」概念含貶義，代表的是他對「小説」的價值判斷。劉向、劉歆父子在整理分類圖書時，借用了先秦諸子傳留的「小説」概念，並進行定義。而這一概念，被班固沿用，收錄進了《漢書・藝文志》中的《小説家序》。由此，「小説」一詞也從原來的泛稱到特指，成了一個專門性的圖書分類與文體概念。

　　爲了更直觀地看清歷代史志目錄著錄子部小説的觀念變遷，本文特整理如下頁「正史《藝文志》及其補志子部小説著錄異同表」。

　　表三所顯示，並非歷代《藝文志》的全部小説著錄，本文只是將歷代《藝文志》中，那些曾被歸類在小説家，且出現在歷代史志目錄裏不同部類中的作品羅列出來比較，以此考察歷代史志目錄小説觀念的演變。這也有助於我們考察以後的史志目錄如《清志》及其補志的著錄基礎，瞭解長期以來小説觀念的沿革與發展。

〔註29〕 王齊洲：《説體文的產生及其對中國傳統小説觀念的影響》，載《稗官與才人——中國古代小説考論》，長沙：嶽麓書社，2010 年，第 123～125 頁。
〔註30〕 汪榮寶：《法言義疏》，北京：中華書局，1987 年，第 74 頁。

表三：小說歷來徘徊在子史之間：正史《藝文志》及補志著錄異同

文獻名稱	卷數	作者	正史藝文志					補志								
			漢志	隋志	舊唐志	新唐志	宋志	漢志拾補	補後漢志	後漢志	三國志	補三國志	補晉書志	補宋書志	補南北史志	補五代史志
雜語	5卷	佚名		小說			雜家									
要用語對	4卷	佚名		小說		雜家（《語對》10卷）										
古今藝術	20卷			小說	雜藝術（《今古藝術》15卷）	雜藝術（《今古藝術》15卷）										
魯史欹器圖	1卷	劉徽注		小說	儒家	儒家	小說（《欹器圖》不著撰人名氏，1卷）								小說	
器準圖	3卷	信都芳		小說		曆算									小說（著錄3部，其餘爲《器準》、《器準九篇注》）	
嚮子	1卷	嚮熊	道家	道家		道家（逢行珪注）	雜家（《嚮熊子》1卷）									
博物志	10卷	張華		雜家	小說	小說	雜家						小說			

書名	卷數	著者							
釋俗語	8卷	劉霽	雜家	小說	小說				
列異傳	3卷	魏文帝	雜傳	雜傳	小說	小說	小說		
甄異傳	3卷	戴祚	雜傳	雜傳	小說	小說			
古異傳	3卷	袁王壽		雜傳	小說				小說
述異記	10卷	祖沖之	雜傳	雜傳		小說	小說		
近異錄	2卷	劉質		雜傳			小說		
搜神記	30卷	干寶	雜傳	雜傳		小說			
神錄	5卷	劉之遴		雜傳					
妍神記	10卷	蕭繹		雜傳					
志怪	4卷	祖臺之	雜傳	雜傳		小說			
志怪	4卷	孔約	雜傳	雜傳		小說			
靈鬼志	3卷	荀氏	雜傳	雜傳					
鬼神列傳	2卷	謝氏	雜傳（1卷）	雜傳					
幽明錄	30卷	劉義慶	雜傳	雜傳	小說				
齊諧記	7卷	東陽無疑宋	雜傳	雜傳	小說				
續齊諧記	1卷	吳均	雜傳	雜傳	小說	小說			
感應傳	8卷	王延秀	雜傳	雜傳	小說				
冥祥記	10卷	王琰	雜傳	雜傳	小說				
續冥祥記	11卷	王曼穎		雜傳	小說				
因果記	10卷	劉泳	雜傳	雜傳	小說				

書名	卷	著者						
冤魂志	3卷	顏之推	雜傳	小說				
集靈記	10卷	顏之推	雜傳	小說				
旌異記	15卷	侯白	雜傳	小說				
冥報記	2卷	唐臨	雜傳	小說、雜傳記	小說			
誡子拾遺	4卷	李恕		小說	傳記			
家範	1卷	狄仁傑			儀注、儒家			
異物志	3卷	沈如筠	地理	小說	小說	地理		
探茶錄	一卷	溫庭筠		小說	農家			
薛甫鄉日月	3卷	皇甫松		小說	小說、雜藝術			
茶經	3卷	陸羽		小說	農家			
煎茶水記	1卷	張又新		小說	農家			
神異經	2卷	東方朔	地理（1卷）	道家	小說	地域	小說	
拾遺記	10卷	王嘉	農家	雜史	小說		小說	
錢譜	1卷	顧烜	譜系（注）		小說			
聞見記	5卷	封演		雜傳記	小說			
開天傳信記	1卷	鄭綮		雜史	小說			
驚聽錄	1卷	沈氏		雜史（王坤）	小說			

書名	卷數	撰人						小說
國朝舊事	40卷	王溥			雜傳記（佚名）			小說
西京雜記	1卷	葛洪	舊事	故事、地理	傳記（6卷）	小說（2卷）		
錄異記	10卷	杜光庭	雜傳	故事、地理	小說	小說		小說
漢武洞冥記	1卷	東漢郭憲編	雜傳	道家《漢武帝別國洞冥記》4卷	小說（史部傳記類著《洞冥記》4卷）	小說		
傳載	1卷			雜史	小說（重複著錄，其一為僧贊寧撰，8卷）			
雜說	1卷	趙曄公	雜家（沈約撰，2卷）	小說	小說			小說
漢武內傳	3卷		雜傳	傳記（2卷）	傳記（2卷）	小說（2卷）		
山海經圖讚	2卷	郭璞	術數略・形法《山海經》	地理	地理	地理《山海經讚》	小說《山海圖經》10卷，《山海經注》23卷，《山海經音》2卷，《山海經讚》2卷，《山海經圖畫讚》未注明卷數與撰者。	

書名	撰者								
漢武帝故事 2卷			舊事	故事（《漢武》故事）	故事	故事（《漢武》故事）	小說	小說（《漢武》故事）2卷	
張公雜記 1卷	張華			雜家	雜家				小說（5卷）
穆天子傳 6卷	郭璞撰			起居注	起居注	別史	小說		小說（5篇，未注明撰者）又《穆天子傳注》6卷。
東方朔傳 8卷		諸子略‧雜家（《東方朔》，20篇		雜傳	雜傳記		小說（《東方朔別傳》）	小說（《東方朔傳》）1卷，郭憲撰	
趙飛燕外傳 1卷	伶玄					傳記		小說（《飛燕外傳》，不著撰人名氏）	

* 注：以粗黑體標誌的類別屬於史部

　　小說歷來徘徊在子、史之間，上表所錄為一印證。無怪乎鄭樵謂：「古今編書所不能分者五：一曰傳記，二曰雜家，三曰小說，四曰雜史，五曰故事。凡此五類者，足相紊亂。」〔註31〕胡應麟也進一步闡明他的小說觀念，認為「小說，子書流也。然談說理道，或近於經；又有類注疏者。紀述事蹟，或通於史；又有類志傳者。他如孟棨《本事》，盧瓌《抒情》，例以詩話文評，附見集類。究其體制，實小說者流也。至於子類雜家，尤相出入。鄭氏謂古今書家所不能分有九，而不知最易混淆者小說也。」〔註32〕這些都說明了史學家對於小說屬性劃分的複雜與為難之處。按照上表來說，不同的目錄學家有不同的觀點，一部被歸類在小說家類的作品，在不同時代不同目錄學著作中都有可能被列在史部的故事、舊事、起居注、雜傳、傳記、地理、雜史、別史或子部的雜家、農家、道家等。然而，更多的是徘徊在史部傳記、故事、雜傳及子部的小說家、雜家之間。考察這些差異性有助於我們瞭解小說觀念的演變與編纂者的小說觀。

　　下節主要考察專記一代藏書之盛的正史《藝文志》的著錄差異，由此剖析觀念或思想的改變，對於記一代著述的《明志》《清志》及清人的補志，只做簡述。

（一）《漢志》

　　《漢志》將小說家歸納在《諸子略》中的第十家。從《漢志・諸子略》的序言中可以看出小說家雖在子部中占一席之位，但被認為在「九流」之外，與其他九家是不可同日而語的：

　　　　諸子十家，其可觀者九家而已。皆起於王道既微，諸侯力政，時君世主，好惡殊方，是以九家之術蜂出並作，各引一端，崇其所善，以此馳說，取合諸侯。其言雖殊，辟猶水火，相滅亦相生也。仁之與義，敬之與和，相反而皆相成也。《易》曰：「天下同歸而殊塗，一致而百慮。」今異家者各推所長，窮知究慮，以明其指，雖有蔽短，合其要歸，亦《六經》之支與流裔。使其人遭明王聖主，得其所折衷，皆股肱之材已。仲尼有言：「禮失而求諸野。」方今

〔註31〕〔宋〕鄭樵：《通志・校讎略・編次之訛論十五篇》，北京：中華書局，1987年，第834頁。
〔註32〕〔明〕胡應麟：《少室山房筆叢・九流緒論》，上海：上海書店出版社，2001年，第282頁。

　　　　去聖久遠，道術缺廢，無所更索，彼九家者，不猶愈於野乎？若能
　　　　修六藝之術，而觀此九家之言，舍短取長，則可以通萬方之略矣。
　　　〔註33〕

既然可觀者，唯前九家，那麼何以班固又給小説家安排了個位置呢？在「小説家序」中，班固云：

　　　　　小説家者流，蓋出於稗官。街談巷語，道聽途説者之所造也。
　　　孔子曰：「雖小道，必有可觀者焉，致遠恐泥，是以君子弗爲也。」
　　　然亦弗滅也。閭里小知者之所及，亦使綴而不忘。如或一言可採，
　　　此亦芻蕘狂夫之議也。〔註34〕

　　從這段序言中，可以認識到班固的小説觀念。班固認爲小説雖爲小道，然誠如孔子所言：「雖小道，必有可觀者焉。」爲了不使那些參差其中的有用之文湮滅，應該將之收入。此外，班固也透露了小説家的源流，即出於稗官。換言之，理解班固所謂的「稗官」一詞，就能更靠近小説觀念的源頭。

　　余嘉錫先生曾説諸子十家，前九家所出之官皆可考，唯獨「稗官」，既不見於古書，顏師古注又説之不詳，不知到底是什麼樣的一種官職。翻閱現代著作《中國官制大辭典》，亦無該官職的解釋。顏師古在《藝文志》下引如淳曰：「《九章》：『細米爲稗』，街談巷説，其細碎之言也。王者欲知閭巷風俗，故立稗官使稱説之。」〔註35〕故注曰：「稗官，小官。《漢名臣奏》唐林請省置吏，公卿大夫至都官、稗官各減十三，是也。」〔註36〕余嘉錫先生根據「都官」這條線索展開調查。余先生指出《漢書·昭帝紀》及《漢書·食貨志》中的「中都官」，顏師古皆注曰：「中都官，京師諸官府。」〔註37〕《後漢書》中李賢等亦注曰：「中都官吏，在京師之官吏也。」〔註38〕司隸

〔註33〕〔漢〕班固撰，〔唐〕顏師古注：《漢書》，北京：中華書局，1962年，第1746頁。

〔註34〕〔漢〕班固撰，〔唐〕顏師古注：《漢書》，北京：中華書局，1962年，第1745頁。

〔註35〕〔漢〕班固撰，〔唐〕顏師古注：《漢書》，北京：中華書局，1962年，第1745頁。

〔註36〕〔漢〕班固撰，〔唐〕顏師古注：《漢書》，北京：中華書局，1962年，第1745頁。

〔註37〕〔漢〕班固撰，〔唐〕顏師古注：《漢書》，北京：中華書局，1962年，第222，1128頁。

〔註38〕〔宋〕范曄撰，〔唐〕李賢等注：《後漢書》，北京：中華書局，1965年，第1128頁。

校尉有都官從事一人，其職責是察舉百官犯法者。可見，都官是京官的通稱。「都官」與「稗官」一詞並列，余先生由此推論「稗官」一詞是「小官」之通稱。〔註39〕本文從此說。確定了這一點，接下來的問題是，班固所言的「稗官」又出於周之何官？

　　班固云：「小說家者流，蓋出於稗官。街談巷語，道聽途說者之所造也。」余嘉錫先生以經傳證之曰：「採道途之言，達之於君者，其惟士乎。」〔註40〕如《春秋左傳・襄公十四年》傳曰：「史為書，瞽為詩，工誦箴諫，大夫規誨，士傳言，庶人謗，商旅於市，百工獻藝。」〔註41〕賈子《新書・保傳篇》亦有「瞽史誦詩，工誦箴諫，大夫進謀，士傳民語」〔註42〕這句話。賈誼之說，本自《左傳》，而作「士傳民語」，無「庶人謗」句。余嘉錫先生據此推論《左傳》所謂「士傳言」，即傳庶人之謗言也。庶人身份卑賤，不得直接面君進言，故士人代以傳達民之好惡予君知。先生又引其他文獻的同樣表述佐證，認為「稗官」所指為「天子之士」，具有傳達民語，將下情上達的職責。〔註43〕

　　或許，《隋志》之「小說家序」可以為我們提供線索，因為《隋志》的小說觀念大抵承襲《漢志》所言。其「小說家序」曰：

> 　　小說者，街說巷語之說也。《傳》載輿人之誦，《詩》美詢於芻蕘。古者聖人在上，史為書，瞽為詩，工誦箴諫，大夫規誨，士傳言而庶人謗。孟春，徇木鐸以求歌謠，巡省觀人詩，以知風俗。過則正之，失則改之，道聽途說，靡不畢紀。《周官》，誦訓「掌道方志以詔觀事，道方慝以詔辟忌，以知地俗」；而訓方氏「掌道四方之政事，與其上下之志，誦四方之傳道而觀衣物」，是也。孔子曰：「雖小道，必有可觀者焉，致遠恐泥。」〔註44〕

　　這段序言省略了「稗官」一詞，而以小說家即出於周官誦訓及訓方氏之

〔註39〕　余嘉錫：《小說家出於稗官說》，余嘉錫：《余嘉錫文史論集》，長沙：嶽麓書社，1997年，第246～248頁。

〔註40〕　余嘉錫：《小說家出於稗官說》，余嘉錫：《余嘉錫文史論集》，長沙：嶽麓書社，1997年，第246頁。

〔註41〕　〔西晉〕杜預注，〔唐〕孔穎達疏：《春秋左傳正義》，〔清〕阮元校刻：《十三經注疏》，北京：中華書局影印清嘉慶刊本，2009年，第4250～4251頁。

〔註42〕　〔漢〕賈誼撰，〔清〕盧文弨校：《新書》，《叢書集成初編》本，上海：商務印書館，1937年，第52頁。

〔註43〕　余嘉錫：《小說家出於稗官說》，余嘉錫：《余嘉錫文史論集》，長沙：嶽麓書社，1997年，第246～248頁。

〔註44〕　〔唐〕魏徵等撰：《隋書》，北京：中華書局，1973年，第1012頁。

職。誦訓的職責是爲王者述說四方久遠的故事，說明各地古老的風俗禁忌等。這個官職爲中士兩人，下士四人，史兩人，徒八人；而訓方氏爲中士四人，府四人，史四人，胥四人，徒四十人，掌道政治、歷史、民情等。這些人都是小官，即稗官。由此觀之，《漢志》中的小說家的源頭乃是周代的小官，即誦訓及訓方氏，他們都是天子之士，常伴隨王車左右，給王者傳誦遠古的地方風俗及歷史民情，以備王者補察時政之需。

確定了《漢志》小說一流的官制源頭及其職能，可知作爲天子之士的小官，經常伴隨王車，爲王者訴說關於古老的、久遠的故事，也將民間的聲音傳達，這些都有助於君王瞭解天下之事，故爲有用之言，其所撰述成的文獻，亦爲有用之文，故不可廢之，將其列入小說家，但畢竟採於道聽途說、閭巷之間，因此班固認爲小說家在諸子之中，始終是「不入流」的。

就《漢志》小說家類的著錄情況而言，共收錄 15 種小說。其中包括《伊尹說》《鬻子說》《周考》《青史子》《師曠》《務成子》《宋子》《天乙》《黃帝說》《封禪方說》《待詔臣饒心術》《待詔臣安成未央術》《臣壽周紀》《虞初周說》及《百家》，所述故事自商周、春秋戰國至漢代。這些書如今已全部亡佚，但視其篇名及原注，可以發現其作品內容極爲龐雜，恰似沒有一定的標準。或者，可以先從小說與子書源流的關係進行探討，再進一步辨清這個問題。

余嘉錫先生曾引述《莊子・雜篇・天下》中所云「上說下教，雖天下不取，強聒而不捨者也」〔註45〕。說明先秦諸子的文章有兩大類型：「夫上說者，論政之語也，其體爲書疏之類；下教者，論學之語也，其體爲論說之類。凡古人自著之文，不外此二者。其他記載言行，解說義理者，則後學之所附益也……而諸子之文，以論爲最多」。〔註46〕因此，不僅諸子自著之文被視爲子書，解說諸子義理的著述也被視爲子書。或許，這可解答魯迅對於將《青史子》歸類在小說家的疑惑。雖然《青史子》大部分已經亡佚，但魯迅從《大戴禮記・保傅篇》《新書・胎教》及《風俗通義》等書輯佚了三則文字而納悶道：「遺文今存三事，皆言禮，亦不知當時何以入小說。」〔註47〕其實，

〔註45〕〔清〕郭慶藩撰，王孝魚點校：《莊子集釋》，北京：中華書局，1961 年，第 1082 頁。
〔註46〕余嘉錫：《古書通例》，上海：上海古籍出版社，1985 年，第 66 頁。
〔註47〕魯迅：《中國小說史略》，《魯迅全集》，北京：人民文學出版社，2010 年，第 30 頁。

這正說明了《青史子》爲述道之文。《文心雕龍・諸子篇》中提到了《青史子》，謂「《青史》曲綴以街談」〔註48〕，又定義子書爲「入道見志之書」〔註49〕。因此，《青史子》就被列入子部（《諸子略》）小説家了。而小説研究者判定一部作品到底是屬於子書還是史書，不是看其有無記事性的成分，而是視其主旨是「述道」或「記事」，前者歸入子書，後者則歸入史書。同樣的，這是爲什麼《伊尹》《鬻子》與《雜黃帝》隸屬於道家，而《伊尹説》《鬻子説》與《黃帝説》卻被歸入「小説家」，因爲後者乃前者的述道之作，解釋道家義理的作品。然而由於班固認爲《伊尹説》「其語淺薄，似依託也」〔註50〕、《鬻子説》爲「後世所加」〔註51〕、《黃帝説》乃「迂誕依託」〔註52〕，故歸入子部小説家。

　　此外，《師曠》《天乙》與《務成子》都被認爲是依託之作。而關於《百家》一書，雖未詳明年代與作者，但劉向《説苑序奏》曾論及：「《説苑雜事》，……其事類眾多……除去與《新序》重複者，其餘者淺薄，不中義理，別集以爲《百家》。」〔註53〕魯迅亦曾曰：「《説苑》今存，所記皆古人行事之跡，足以爲法戒者，執是以推《百家》，則殆爲故事之無當於治道者矣。」〔註54〕這句話的意思是《百家》一書原是《新序》《説苑》的部分內容，但由於當中含有一些淺薄不合義理的內容，故被特別裁出，別集爲另一本書。至於《臣壽周紀》一書，《漢志》附注曰：「項國圉人，宣帝時。」〔註55〕清人姚振宗説：「《周考》，考周事也。此《周紀》大抵亦紀周代瑣事，同爲街

〔註48〕黃叔琳注，李祥補注，楊明照校注拾遺：《增訂文心雕龍校注》，北京：中華書局，2000年，第229頁。

〔註49〕黃叔琳注，李祥補注，楊明照校注拾遺：《增訂文心雕龍校注》，北京：中華書局，2000年，第228頁。

〔註50〕〔漢〕班固撰，〔唐〕顏師古注：《漢書》，北京：中華書局，1962年，第1744頁。

〔註51〕〔漢〕班固撰，〔唐〕顏師古注：《漢書》，北京：中華書局，1962年，第1744頁。

〔註52〕〔漢〕班固撰，〔唐〕顏師古注：《漢書》，北京：中華書局，1962年，第1744頁。

〔註53〕〔漢〕劉向撰，向宗魯校證：《説苑校證》，北京：中華書局，1987年，第1頁。

〔註54〕魯迅：《中國小説史略》，《魯迅全集》，北京：人民文學出版社，2010年，第31頁。

〔註55〕〔漢〕班固撰，〔唐〕顏師古注：《漢書》，北京：中華書局，1962年，第1745頁。

談巷議之流歟？」〔註56〕綜上所述，說明了班固將那些依託之作、出自街談閭巷之間的，淺薄不合義理的論說述道之作視爲「小說」。

然而，《漢志》中著錄的《虞初周說》《封禪方說》《待詔臣饒心術》《待詔臣安成未央術》等著述都與方術有關，又何以入小說家類呢？王瑤認爲「小說本出於方士對閭里傳說的改造和修飾。」〔註57〕他說：

> 無論方士或道士，都是出身民間而以方術知名的人，他們爲了想得到帝王貴族們的信心，爲了干祿，自然就會不擇手段地誇大自己方術的效異和價值。這些人是有較高的知識的，因此志向也就相對地增高了；於是利用了那些知識，借著時間空間的隔膜和一些固有的傳說，援引荒漠之世，稱道絕域之外，以吉凶休咎來感召人；而且把這些來依託古人的名字寫下來，算是獲得的奇書祕籍，這便是所謂小說家言。〔註58〕

小說與方術的關係，得到了解說，然而方士又是如何傳達民語的呢？姑且以《虞初周說》一書爲例說明之，《文選‧西京賦》云：「匪爲玩好，乃有祕術，小說九百，本自《虞初》。從容之求，實俟實儲。」薛綜注曰：「小說醫巫厭祝之術，凡有九百四十三篇，言九百，舉大數也。持此祕術，儲以自隨，待上所求問，皆常具也。」〔註59〕可見，《虞初周說》所錄943篇小說，多爲醫巫厭祝之術，同樣與閭巷舊聞及風俗民情有關，而此時持此祕術常伴王車，隨侍左右，以待上問的那些小官就成了方士那一類人了。可以說，「稗官」一詞在周代至漢代產生了變化，在周代，負責傳達民語，使下情上達，伴隨王車左右的是誦訓、訓方氏這類人物。到了漢代，方士則成了「天子之士」，侍駕左右，給天子講故事了。

綜上所述，《漢志》雖給了小說家一席之地，但仍然視小說爲鄙俗淺陋，義理淺薄，難登大雅之堂的著作，然顧慮到孔子所云「雖小道，必有可觀者

〔註56〕〔清〕姚振宗撰，項永琴整理：《漢書藝文志條理》，王承略、劉心明主編：《二十五史藝文經籍志考補萃編》，第三卷，北京：清華大學出版社，2011年，第303頁。

〔註57〕王瑤：《小說與方術》，《中古文學史論集》，上海：上海古籍出版社，1982年，第108頁。

〔註58〕王瑤：《小說與方術》，《中古文學史論集》，上海：上海古籍出版社，1982年，第91頁。

〔註59〕〔東漢〕張衡撰：《西京賦》，〔梁〕蕭統選編，〔唐〕呂延濟等注：《日本足利學校藏宋刊明州本六臣注文選》，北京：人民文學出版社，2008年，第47頁。

焉」，擔心如不著錄，那些參雜於淺薄之中的有價值的街談巷語，閭里傳說的資料會跟著湮滅，而不得不著錄在案。雖然是建立在否定之中的肯定，卻也讓小說憑藉其在「諸子略」中末流的位置在歷代史志目錄裏延續其生命，獲得發展。而小說著作也因爲其有述道的功能，自此被歸入子書之流。從周代至漢代，「小說」成了天子鏈接外面世界信息的橋樑，這個橋樑在周代是擔任誦訓、訓方氏的小官，在漢代逐漸被方士所取代，成了採集信息以上達君王的小官。

（二）《隋志》

《隋志》在序中說：「《易》曰：『天下同歸而殊途，一致而百慮。』儒、道、小說，聖人之教也，而有所偏。……《漢書》有《諸子》《兵書》《數術》《方伎》之略，今合而敘之，爲十四種，謂之子部。」〔註60〕小說家在子部中占第九位，共收錄了 25 部隋朝及隋前的小說作品。小說家在《隋志》中與儒、道並列爲「聖人之教」，可見其地位提升了不少。這 25 部小說作品依序爲：《燕丹子》一卷（燕王喜太子撰）、《雜語》五卷（佚名撰）、《郭子》三卷（郭澄之撰）、《雜對語》三卷（佚名撰）、《要用語對》四卷（佚名撰）、《文對》三卷（佚名撰）、《瑣語》一卷（顧協撰）、《笑林》三卷（邯鄲淳撰）、《笑苑》四卷（佚名撰）、《解頤》兩卷（陽玠松撰）、《世說》八卷（劉義慶撰）、《世說》十卷（劉孝標注）、《小說》十卷（殷芸撰。梁目 30 卷）、《小說》五卷（佚名撰）、《邇說》一卷（伏挺撰）、《辯林》20 卷（蕭賁撰）、《辯林》20 卷（希秀撰）、《瓊林》七卷（陰顥撰）、《古今藝術》20 卷（佚名撰）、《雜書鈔》13 卷（佚名撰）、《座右方》八卷（庾元威撰）、《座右法》一卷（佚名撰）、《魯史欹器圖》一卷（劉徽注）、《器準圖》三卷（信都芳撰）及《水飾》一卷（佚名撰）。從以上的小說著錄來看，看似沒有既定的標準，其實仍可以歸納分類，從中梳理出其小說觀念。

《隋志》中著錄的《雜語》《瑣語》《要用語對》等作品，都屬於雜說短記類。究其原因，乃是受《漢志》的影響。《漢志》著錄的小說多「叢殘小語」，清代學者翟灝《通俗編》就曾論及：「古凡雜說短記，不本經典者，概比小道，謂之小說，乃諸子雜家之流，非今之穢誕言也。」〔註61〕人們普遍

〔註60〕〔唐〕魏徵等撰：《隋書》，北京：中華書局，1973 年，第 1051 頁。
〔註61〕〔清〕翟灝：《通俗編》，《叢書集成初編》本，上海：商務印書館，1937 年版，第 24 頁。

認為,《漢志》的小說著錄標準與其作品形式即「叢殘小語」的體裁有關,認定其為漢代人的小說觀念。故《隋志》在著錄小說家時,也自然地把那些內容形式屬於雜說短記的作品歸入小說家。另外,《隋志》也增錄了《笑林》《笑苑》這類記載平民百姓日常生活中幽默可笑的言行以及諸如《燕丹子》《世說》《小說》這類志人小說。以殷芸《小說》為例,唐劉知幾《史通・雜說》曾論及:「劉敬叔《藝苑》稱:『晉武庫失火,漢高祖斬蛇劍穿屋而飛,其言不經,故梁武帝令殷芸編諸小說。』」〔註62〕姚振宗《隋書經籍志考證》曰:「案此殆是梁武帝作通史時,凡不經之說為通史所不取者,皆令殷芸別集為《小說》,是小說因通史而作,猶通史之外乘。」〔註63〕這句話說得很明白,殷芸編纂的小說,正是那些不合經史或不合統治地位及正史觀念的文字片斷,故小說可以說是史之外乘。儘管殷芸《小說》的某些篇目看來很符合現在的小說觀念,但就當時的情境而言,其之所以存在的前提是通史寫作內容中的不經之處。而《隋志》著錄的《燕丹子》《郭子》《世說》等志人小說,都是表現士人的逸聞瑣事;《笑林》《笑苑》則是記載平民百姓日常生活中詼諧可笑的言行。兩者的共同點都在於具豐富的故事性。

　　《隋志》最後著錄的幾部作品則有《古今藝術》《雜書鈔》《座右方》《座右法》《魯史欹器圖》《器準圖》《水飾》。關於《古今藝術》,唐張彥遠《歷代名畫記》卷三《述古之秘畫珍圖》收錄《古今藝術圖》50卷,指其畫不僅有描繪,還附說明,乃隋煬帝編集的。〔註64〕姚振宗認為此「即五十卷之但說其事而無其圖者。」〔註65〕劉世德認為姚說甚為合理,故《隋志》只著錄20卷,並指其是據「說其事」這點而將之列入小說家的。〔註66〕《舊唐志》及《新唐志》雜藝術類著有《今古藝術》15卷,不知是否為同一本書。至於《雜書抄》,情況更為複雜。《隋志》同時在雜家類著錄《雜事抄》24卷及《雜

〔註62〕〔唐〕劉知幾撰,〔清〕浦起龍釋:《史通通釋》,上海:上海古籍出版社,1978年,第480頁。

〔註63〕〔清〕姚振宗撰:《隋書經籍志考證》,《續修四庫全書》本,0915冊,上海:上海古籍出版社,1995年,第499頁。

〔註64〕〔日〕岡村繁譯注,俞慰剛譯:《歷代名畫記譯注》,《岡村繁全集・第陸卷》,上海:上海古籍出版社,2002年,第220頁。

〔註65〕〔清〕姚振宗撰:《隋書經籍志考證》,《續修四庫全書》本,0915冊,上海:上海古籍出版社,1995年,第500頁。

〔註66〕劉世德、程毅中、劉輝主編:《中國古代小說百科全書》,北京:中國大百科全書出版社,1993年,第124頁。

書抄》44 卷，不著撰人名氏，也許不是同一本書。姚振宗認爲《隋志》不立藝術類，此書列於《古今藝術》後，有可能是雜抄舉凡言說藝術的各種書籍。〔註67〕這個說法不是沒有可能的。據《劉氏百科全書》中《座右方》條所考，此書或許就是記述書法字體的「叢殘小語」式的書，而《座右法》列在《古今藝術》與《器準圖》之間，應該也和器物形製圖的說明有關，都歸爲「雜藝術」類。關於《魯史欹器圖》，姚振宗指出，據《北史・藝術傳》及《隋書・曆志》，認爲作者不是劉徽，而是劉輝，是隋文帝時期一個精通天文、算術的人，曾與劉祐、張冑玄等參議律算曆事。〔註68〕關於「欹器」，最早的相關記載可見於《荀子・宥坐》篇：

> 孔子觀於魯桓公之廟，有欹器焉。孔子問於守廟者曰：「此爲何器？」守廟者曰：「此蓋爲宥坐之器。」孔子曰：「吾聞宥坐之器，虛則欹，中則正，滿則覆。」孔子顧謂弟子曰：「注水焉。」弟子挹水而注之，中而正，滿而覆，虛而欹。孔子喟然而歎曰：「吁！惡有滿而不覆者哉！」〔註69〕

故古時君王常把這種器具放在座位右邊，以此爲戒。魯國人更是視爲國寶，一直放在周廟中，但後來失傳了。《舊唐志》與《新唐志》改入儒家類，大概出於此器物的典故與孔子教育及古代君王將之至於座右銘以此警惕自己，或將之置入周廟中有關。至於《器準圖》一書，《新唐志》歸入子部曆算類，書名作「《器準》」。許逸民根據《魏書・樂志》及《魏書・安豐王延明傳》所述之《器準》一書及其作者信都芳，認爲信都芳是一位天文學家、考古學家及數學家，而《器準圖》應是一部天文學著作。〔註70〕因此，他認爲《新唐志》的著錄才是正確的。《水飾》一書則是一種水上遊戲，類似有關器物形製圖及其遊戲的說明。綜合上述各家所說，本文認爲，《隋志》之所以將這幾部書歸納在小說類，主要原因在於這些書都是與器物藝術有關的解釋圖說的「叢殘小語」，而《隋志》未立「雜藝術」一類，故索性將這些

〔註67〕〔清〕姚振宗撰：《隋書經籍志考證》，《續修四庫全書》本，0915 冊，上海：上海古籍出版社，1995 年，第 500 頁。

〔註68〕〔清〕姚振宗撰：《隋書經籍志考證》，《續修四庫全書》本，0915 冊，上海：上海古籍出版社，1995 年，第 501 頁。

〔註69〕〔清〕王先謙撰，沈嘯寰、王星賢點校：《荀子集解》，北京：中華書局，1988 年，第 520 頁。

〔註70〕劉世德、程毅中、劉輝主編：《中國古代小說百科全書》，北京：中國大百科全書出版社，1993 年，第 393 頁。

「雜言短記」歸入小說類。

總而言之，《隋志》的小說著錄標準大致上可以歸納出下列幾點：一、雜說短記；二、具故事性；三、史之外乘。然而，很值得探究的一點是，爲何魏晉南北朝時期盛產的志怪小說卻不見著錄？原來，《隋志》將許多志怪小說如《搜神記》《列異傳》《甄異傳》《述異記》《鬼神列傳》《幽明錄》等悉皆歸入史部雜傳類。這是由於當時人們認識的「小說」，尚未有虛構性的特點。《搜神記》作者干寶在《自序》中表示他寫作的動機就是想通過搜集前人著述及傳說故事，證明鬼神確實存在，並謂「苟有虛錯，願與先賢前儒分其譏謗。」〔註71〕在那個時代，鬼神之說對他們而言，是真實存在的，雖沒看到，但認定其爲世間之實有之事，是某些人親眼目睹後相傳的故事。這無疑體現了《隋志》編纂者的唐前學科分類思想。

（三）《舊唐志》與《新唐志》

《舊唐志》與《新唐志》同樣都是著錄唐及唐前的小說文獻，然而其著錄作品數量及其史學、小說觀念卻相去甚遠，故合而論之。

《舊唐志》只著錄 14 部小說作品，這與其藏書之盛衰有關。根據《舊唐志序》所說，唐朝在開元之時的藏書原來達到盛況，但因爲前後歷經「祿山之亂」及「黃巢干紀」，致使「兩都覆沒，乾元舊籍，亡散殆盡」〔註72〕、「宮廟寺署，焚蕩殆盡，曩時遺籍，尺簡無存。」〔註73〕即使在朝諸儒購輯，亦所傳無幾，爾後雖致力網羅求書，又因遷都洛陽而丟失了一半，所以藏書甚少。並且，一般認爲《舊唐志》的著錄是依據唐人毋煚的《古今書錄》，又名《四部都錄》改編而來，但是毋煚此書於開元年間完稿，而劉昫對唐開元之後的幾百年文獻史書卻無一記載。〔註74〕成書在後的《新唐志》著錄產生了變化，小說著錄也達到有史以來以來的最高點，共收錄了 123 部作品，增錄了 109 部作品，故在子部 17 家中變動最大的就是小說家類。漏著的僅有裴子野《類林》三卷和無名氏《雜語》五卷兩種。〔註75〕小說作品的大量增錄不

〔註71〕丁錫根編著：《中國歷代小說序跋集》，北京：人民文學出版社，1996 年，第49 頁。

〔註72〕〔後晉〕劉昫等撰：《舊唐書》，北京：中華書局，1975 年，第 1962 頁。

〔註73〕〔後晉〕劉昫等撰：《舊唐書》，北京：中華書局，1975 年，第 1962 頁。

〔註74〕王欣夫：《文獻學講義》，上海：上海古籍出版社，2005 年，第 28 頁。

〔註75〕王齊洲：《試論歐陽修的小說觀念》，載《稗官與才人——中國古代小說考論》，長沙：嶽麓書社，2010 年，第 171 頁。

是由於《舊唐志》漏收了大量作品，而是由於《新唐志》的史學觀念與小說觀念已經起了變化。

《舊唐志》的小說觀念基本承襲《隋志》的小說觀，沒有多大的更動與變化。《隋志》著錄的 25 部作品中，今天已大部分亡佚。《舊唐志》在《隋志》的基礎上，除了當時已佚的 14 部作品，採錄了《隋志》中著錄的八部小說，即《燕丹子》《笑林》《郭子》《世說》《續世說》《小說》（殷芸撰）《辨林》及《座右方》（案：《舊唐志》著錄三卷，而《隋志》著錄八卷）。原來著錄在《隋志》的小說作品在《舊唐志》中也有所更變，如《古今藝術》錄入了《舊唐志》的子部雜藝術類，而《魯史欹器圖》則錄入了子部儒家類。關於兩者之間之所以會產生不同的分類標準這一點，本文在上文已作出闡釋，故不再贅述。

《舊唐志》在《隋志》的基礎上增錄了六部作品，即《小說》（劉義慶撰）、《酒孝經》及《啓顏錄》；另外三部則是原來在《漢志》《隋志》子部道家類的《鬻子》，原來在《隋志》子部雜家類的《博物志》以及原來在《隋志》子部雜家類的《釋俗語》。《鬻子》一書及《鬻子說》二書，《漢志》分別著錄在道家及小說家，《漢志》在《鬻子》一書下注曰：「名熊，爲周師，自文王以下問焉，周封爲楚祖」〔註76〕；在《鬻子說》下注曰：「後世所加。」〔註77〕大抵《鬻子說》出於增飾依託，又因《鬻子說》爲《鬻子》的述道之文，故列入小說家。而《舊唐志》只收錄《鬻子》一書，歸入小說家，而無《鬻子說》一書。後來，歐陽修編纂《新唐志》時，便繼承了《漢志》《隋志》的分類，將《鬻子》一書重新歸入道家。這是因爲在歐陽修的觀念裏，小說是「近史而悠謬」的，雖然作品一般有比較濃厚的史傳意識，但在嚴格意義上只能說是野史傳說之類的作品，不能並列於正史間。儘管如此，小說的人物、情節、敘事等創作要求卻與史傳並無不同，這也是小說家與儒家、道家等諸子著作的不同之處。〔註78〕

至於《博物志》一書，《隋志》與《宋志》皆歸入雜家，而《舊唐志》《新

〔註76〕〔漢〕班固撰，〔唐〕顏師古注：《漢書》，北京：中華書局，1962 年，第 1729 頁。

〔註77〕〔漢〕班固撰，〔唐〕顏師古注：《漢書》，北京：中華書局，1962 年，第 1744 頁。

〔註78〕王齊洲：《試論歐陽修的小說觀念》，載《稗官與才人──中國古代小說考論》，長沙：嶽麓書社，2010 年，第 170 頁。

唐志》皆入小說家。全書十卷，卷一至卷三內容關乎地理風俗及動植物，所記多取自《山海經》《淮南子》《十洲記》《漢武洞冥記》等；卷四及卷五爲記敘方士與藥物，爲方術家言；卷六爲人文地理、服飾器物等名物典章之考證；卷七至卷十述志怪，或記神話傳說、人物軼事，或記奇聞詭異。《隋志》與《宋志》歸入雜家，乃視其整體內容博雜而言；而《新唐志》入小說家，出於對史部文獻必須要眞實不虛、經得起考證的嚴格標準，而將包含方術言與志怪成分的《博物志》歸入小說家類。

《釋俗語》一書則當爲俚俗瑣談之類，《隋志》列入雜家類，《兩唐志》皆入小說家類，可見《兩唐志》認爲瑣談類的作品應該歸入小說家。按照《隋志》的著錄標準，此書應該一併歸入小說家；然而，小說觀念至宋代也還未完全明確，自然不可過於苛求前代著錄。總的來說，《隋志》與《舊唐志》的作品數量極少，又多亡佚，難以從中歸納分析，明確無誤地考察它們的小說觀念及其作品的歸類是否完全相符。即使有細微的變化，然而由於同一類型的小說作品的收錄爲數寥寥，難以以一二作品爲標準，判斷其觀念的過渡。總體而言，《舊唐志》的小說觀念，可以說是對《隋志》小說觀念的繼承，變動不大。而《新唐志》對於小說在子、史之間的處理與調整，就體現了一個時代乃至於一個史學家的學術觀念的變化，也標誌著小說觀念的蛻變與革新。

按照表三所顯示，可以看到《新唐志》將大量原來在《隋志》及《舊唐志》史部中雜傳類的作品，調整分配到子部小說位置。可以說，這是一個退置處理，卻也是對小說觀念的一個新的認識。史部雜傳類作品中，有我們熟知的志怪、傳奇類作品。《新唐志》的編纂者歐陽修認爲這些含有「虛妄怪誕」成分的作品，應該清除出史部。因爲史部所能接受的該是那些具理性且眞實不虛的文獻。這也和宋代科學思潮的興起有關。北宋時期發明了火藥、指南針、活字印刷，知識分子提倡以理論及思辨爲主的理學思潮。這些若有似無，未經證實的鬼神、傳奇之說，可視爲史學之支流，由小說家類來承擔。故此時的小說觀念，除了有故事性、史部之外乘外，還具備虛構的特點。

除了有時代的因素，《新唐志》的小說觀念也可以說是受歐陽修本身的小說觀念所影響。其在《崇文總目敘釋》中的「正史類」論及正史的記載有助於國家「治亂興廢」〔註79〕，「大事書之策，小事載之簡牘」〔註80〕；至於「風

〔註79〕〔宋〕歐陽修著，李逸安點校：《歐陽修全集・崇文總目敘釋》，北京：中華

俗之舊，耆老所傳，遺言逸行」〔註81〕這類著述，則由「傳記」來承擔。兩
者都是以事實為依據的，與小說不同。《崇文總目敘釋‧小說類》中曰：

> 《書》曰「狂夫之言，聖人擇焉」，又曰「詢於芻蕘」，是小說
> 之不可廢也。古者懼下情之壅於上聞，故每歲孟春，以木鐸徇於路，
> 採其風謠而觀之。至於俚言巷語，亦足取也。今特列而存之。〔註82〕

可見，小說與正史及傳記類同樣都具有補察時政的作用，所不同的是，
正史及傳記類所記，必須符合事實，經得起考證，而小說更在乎的是情志的
表達，使下情上達，允許虛構。這是為什麼《隋志》《舊唐志》中大量的作品，
如《列異傳》《甄異傳》《古異傳》《幽明錄》《齊諧記》《冥祥記》《因果記》《冤
魂志》等，被《新唐志》從《隋志》及《舊唐書》的史部雜傳類中清除，退
置到子部小說家類。此外，《新唐志》也著錄了傳奇集如《集異記》《玄怪錄》
《續玄怪錄》《傳奇》《補江總白猿傳》；志怪小說集如《還魂記》《定命錄》《酉
陽雜俎》《大唐奇事記》等。這不僅擴大了小說的範圍，而且強化了小說長於
虛構的藝術特點，對後來的小說創作無疑具有指導作用，有利於小說文體的
發展成熟。〔註83〕

歐陽修的小說觀念，在宋人中有一定的代表性。南宋著名目錄學家、藏
書家晁公武在其《郡齋讀書志‧韓魏公家傳》說：「近世著史者，喜採小說
以為異聞逸事，如李繁錄其父泌，崔胤記其父慎由，事悉鑿空妄言。前世謂
此等無異莊周鮒魚之辭、賈生鵩鳥之對者也，而《唐書》皆取之，以亂正史。」
〔註84〕晁公武的這段話即強調了歷史撰寫的要素必須真實可信，也體現了小
說的特點，即「鑿空妄言」。另外，宋人洪邁在《夷堅乙志序》中所言：「夫
《齊諧》之志怪，莊周之談天，虛無幻茫，不可致詰。逮干寶之《搜神》，
奇章公之《玄怪》，谷神子之《博異》《河東》之記，《宣室》之志，《稽神》

　　　書局，2001年，第1885頁。
〔註80〕〔宋〕歐陽修著，李逸安點校：《歐陽修全集‧崇文總目敘釋》，北京：中華
　　　書局，2001年，第1890頁。
〔註81〕〔宋〕歐陽修著，李逸安點校：《歐陽修全集‧崇文總目敘釋》，北京：中華
　　　書局，2001年，第1890頁。
〔註82〕〔宋〕歐陽修著，李逸安點校：《歐陽修全集‧崇文總目敘釋》，北京：中華
　　　書局，2001年，第1893頁。
〔註83〕王齊洲：《試論歐陽修的小說觀念》，載《稗官與才人——中國古代小說考論》，
　　　長沙：嶽麓書社，2010年，第177頁。
〔註84〕〔宋〕晁公武撰，孫猛校正：《郡齋讀書志》，上海：上海古籍出版社，1990
　　　年，第386頁。

之錄，皆不能無寓言於其間。若予是書，遠不過一甲子，耳目相接，皆表表有據依者。謂予不信，往見烏有先生而問之！」〔註85〕洪邁認為自己的小說是有所依據的，小說也以可信見長，但他也認識到了小說是允許奇異虛幻的。這與之前《隋志》的小說觀念很不同。以《搜神記》為例，《隋志》並未認識到其作品存在的虛構性，而作者干寶亦聲稱「苟有虛錯，願與先賢前儒分其譏謗」〔註86〕，將鬼神、志怪之事視為實有不虛的。在《隋志》的小說觀念裏，小說只是「道聽途說」「叢殘小語」，雖具有故事性，但並非一定要有故事性的特點，而虛構性是根本不存在的。〔註87〕由此說明，《兩唐志》對於小說著錄標準的最大差別在於「虛構性」這一點。此外，《新唐志》中也增錄了《隋唐嘉話》《誡子拾遺》《六誡》《茶經》《煎茶水歌》等筆記、雜史、雜著類作品，這也從另一方面說明了當時小說觀念在宋代還未完全明確。

總的來說，雖然宋人以真實可考與否作為判斷歷史文獻或小說創作的標準，將那些不屬於史部的作品，改入小說家，是一種貶抑、退置的處理態度。然而，就小說本身的發展而言，是有利於「小說」文體的成熟與獨立發展的，這無疑是具進步性的。小說自始被賦予新的身份與內涵。小說，不再是一些淺薄瑣屑，被斥為「小道」的言論，而是充滿虛構色彩的生動故事，富有社會歷史意義的「稗官野史」著作。小說，亦不再是受理論與學術的糾纏，而是擺脫了歷史真實的束縛，發展出自身具有的文學與審美內涵，逐步具有了向近代小說觀念轉換的理論基礎。〔註88〕

（四）《宋志》

《宋志》是二十五史中最後一部記一代藏書的正史《藝文志》，其著錄作品內容也最為繁蕪龐雜，顛倒錯漏甚多。故《總目》評曰：「托克托等作《宋史‧藝文志》紕漏顛倒，瑕隙百出，於諸史志中最為叢脞。」〔註89〕這樣的

〔註85〕丁錫根編著：《中國歷代小說序跋集》，北京：人民文學出版社，1996年，第94頁。

〔註86〕丁錫根編著：《中國歷代小說序跋集》，北京：人民文學出版社，1996年，第50頁。

〔註87〕王齊洲：《試論歐陽修的小說觀念》，載《稗官與才人——中國古代小說考論》，長沙：嶽麓書社，2010年，第178頁。

〔註88〕王齊洲：《在子史之間尋找位置——史志著錄所反映的中國傳統小說觀念》，載《稗官與才人——中國古代考論》，長沙：嶽麓書社，2010年，第159～160頁。

〔註89〕〔清〕永瑢等撰：《四庫全書總目‧史部‧目錄類‧崇文總目》，北京：中華

情況，也發生在小說家類。

舉例言之，將一書分爲二書的，如《劉賓客嘉話錄》一書，《宋志》著錄《劉公嘉話》與《賓客嘉話》，將二書列入小說家類。《總目》考曰：

> 《新唐書·藝文志》載韋絢《劉公嘉話錄》一卷。注曰：「絢，執誼子也，咸通義武軍節度使劉公萬禹也。」《宋史·藝文志》則載絢《劉公嘉話》一卷，又《賓客嘉話》一卷。《劉公嘉話》當即此書，《賓客佳話》則諸家著錄皆無之。當由諸書所引或稱《劉公嘉話》，或稱《劉賓客嘉話》，故分爲二書，又誤脫劉字耳。諸史《藝文志》未有荒謬於《宋史》者，此亦一徵矣。〔註90〕

此外，《宋志》的小說著錄重複著錄的問題也頗多。如《醉鄉日月》同時著錄在小說家類及雜藝術類，《漢武帝洞冥記》則同時著錄在小說家類及傳記類。著錄與前志卷數不同的情況也頗多，如《燕丹子》三卷，前志著錄皆 1 卷；《世說》著錄三卷，與前志著錄八卷不同。作者名字亦有不同的，如姚元崇《六誡》，著爲「姚崇」。另如同一書名，重複著錄兩次，且題不同作者的文獻亦頗多，如《瀟湘錄》，著錄爲柳祥撰（十卷）及李隱撰（十卷）；《集異記》作者一爲薛用弱撰，另一不著撰人名氏；又如《傳載》作者，一題僧贊寧撰（八卷），一爲不著撰人名氏（一卷）等等。關於這個問題，究竟是果眞有二書同名，還是《宋志》之誤，尚有待考證。此外，《宋志》著錄與前志著錄有所不同的問題，還包括書名增錄一字、同書名撰者名氏不同等。這不過是就其小說家類的著錄而言之的，由一家之著錄一窺全豹，可見《總目》對於《宋志》下的評語是公允客觀的。

《宋志》小說家類著錄 359 部，除了著錄了前志原有的小說類型，也增加了許多詩話類的作品，如《艇齋詩話》《東坡詩話》《南宮詩話》《後山詩話》《山陰詩話》《垂虹詩話》等；譜錄類作品如《花品》《荔枝譜》《庭萱譜》等。而這些作品，按現代人的觀念來看，都不是小說。所以，今人寧稼雨先生的《寧氏目》所附錄的《剔除書目》，就把這些小說作品歸納其中，清除出小說家。另外，《宋志》也將一些原來著錄在前志的小說家作品剔除在外，如將《新唐志》的《誡子拾遺》歸入史部傳記類，並將《採茶錄》《煎茶水

書局，1965 年，第 728 頁。
〔註90〕〔清〕永瑢等撰：《四庫全書總目》，北京：中華書局，1965 年，第 1183～1184頁。

－51－

記》及《茶經》歸入農家類。這顯示了《宋志》並非純粹以小說類型作爲歸類的標準，將筆記小說盡悉歸入小說家，更視其內容功能，因此將這三部有關於茶的知識，有補於農業發展的文獻著作歸入農家。反之，原來在《新唐志》中，被歸類在史部雜史類的作品，如《拾遺記》《開天傳信記》《驚聽錄》《傳載》等作品，則歸入小說家。基本上，《宋志》作如是調整，其實頗爲符合《新唐志》的小說觀念，即嚴格將那些經不起考證的方術之說、歷史傳說、神奇異聞等從史部中清除出來，退置小說家。

總的來說，《宋志》的小說觀念是被擴大的，其作品數量雖然達到高峰，但也致使小說家類的內容更爲臃腫、龐雜。

（五）《明志》《清志》及清人撰述的補志

《明志》與《清志》由於記一代著述，故不著錄在表中，現只作簡述。從《明志》著錄的小說文獻來看，除了著錄前志原有的小說類型作品，如傳奇志怪類、娛樂性、筆記體小說，還增加了日記及隨筆類作品，如《留青日札》《日記》《日格類抄》及《檢蠹隨筆》《隨筆》。而原來《宋志》增錄的詩話類及譜錄類作品都被《明志》剔除在小說之外；前者被歸入集部文史類，後者則被歸入藝術類的雜藝之屬。由此可見，《明志》的小說著錄標準，比起《宋志》更爲清晰、易辨。後來的《清志》在體例上繼承了《明志》，然而就其小說著錄來看，基本承襲《明志》的觀念。具體的情況，本文將在第二章重點探討，在此不予論述。

二十五史中，唯有《漢書》《隋書》《舊唐書》《新唐書》《宋史》《明史》《清史稿》七部撰有《藝文志》或《經籍志》。基於此，自清代起，便有很多學者對沒有《藝文志》的正史進行補撰，或者針對原有的《藝文志》進行資料續補和考證。這些補志和原有的正史《藝文志》相結合，就相等於一部完整的兩千多年的全國總書目，達到辨章學術、考鏡源流之用。〔註91〕

本文選取清代補志中較爲重要的史志目錄，作綜合性的論述。從表三中，可見清人的小說觀念起了鮮明的變化，清代學者不僅繼承了《新唐志》的觀念，將許多雜傳作品調整到小說家類，也將許多傳記類作品如《東方朔》（《舊唐志》稱「雜傳記」）《漢武內傳》《趙飛燕外傳》《國朝舊事》移入小說家。這些作品，如今看來是傳奇小說的作品，但在當時唐宋文獻中，一般

〔註91〕伍媛媛：《清代補史藝文志研究》，合肥：黃山書社，2012 年，第 1 頁。

被稱爲「雜傳記」或「傳記」，而非「傳奇」。〔註92〕至目前爲止，還沒有任何資料顯示「傳奇」在唐代已成爲某種小說樣式的專名，只能說是裴鉶的小說集的書名，或如元稹《鶯鶯傳》原來的篇名。實則，在中唐以前，「傳奇」屬於正統文人賦予的蔑稱，以顯示它和高雅的古文之別。〔註93〕

唐宋人在總體上仍然傾向於將傳奇作品歸入「雜傳記」類，這是因爲傳奇與人物雜傳的文體聯繫非常緊密。《隋志・雜傳》小序就說明了「雜傳」曾經歷過三個演變環節，或者更爲準確地說，曾經有過三種存在形態：其一爲隸屬於正史範疇的「史傳」；其二爲「率爾而作，不在正史」之雜傳；其三爲「作者日眾」「名目轉移」，內容又「雜以虛誕怪誕之說」之雜傳。〔註94〕可以說，傳奇在雜傳的基礎上注入了小說的元素，顯示出十分強烈的小說特徵。〔註95〕因此同一部作品，如《聞見記》，在《新唐志》被歸入雜傳記，在《宋志》則被列入小說家類；或如《誡子拾遺》，在《新唐志》被列入小說家，到了《宋志》，則被調整到傳記類，而其歸類皆有所據。然而，到了清代，這些傳奇作品，就毫無疑問地被歸入小說家類。這顯示了清人的小說觀念的一大變化。

此外，原來在前志屬於舊事、別史、故事、地理、起居注類，未曾在過去的史志目錄中位列小說家的作品，到了清代的補志中，也被移入小說家類。如《穆天子傳》《山海經》類作品、《漢武帝故事》等。以《穆天子傳》爲例，《隋志》《舊唐志》及《新唐志》皆列入起居注。據《隋志》所言，「起居注者，錄紀人君言行動止之事。」〔註96〕並謂《穆天子傳》之體制與起居注一樣，大蓋是東周時代的內史官所記錄王命內容的複本。其被歸類在起居注，是因爲此書是記載周穆王遊行的事蹟，被認爲是紀實類。〔註97〕然而，到了清代，學者考慮到此書記述周穆王登崑崙，遊歷殊方異國的見聞及殯葬盛姬的事，極盡渲染，神話元素厚重，多含虛構成分，故將之歸入小說家類。可以說，清代學者的史學觀念較之《新唐志》又更爲嚴格，而「虛構」成了小

〔註92〕潘建國：《中國古代小說書目研究》，上海：上海古籍出版社，2005年，第43頁。

〔註93〕吳志達：《唐人傳奇》，上海：上海古籍出版社，1981年，第1頁。

〔註94〕〔唐〕魏徵等撰：《隋書》，北京：中華書局，1973年，第981～982頁。

〔註95〕潘建國：《中國古代小說書目研究》，上海：上海古籍出版社，2005年，第45頁。

〔註96〕〔唐〕魏徵等撰：《隋書》，北京：中華書局，1973年，第966頁。

〔註97〕〔唐〕魏徵等撰：《隋書》，北京：中華書局，1973年，第966頁。

說的總體特徵，小說這一文體致使獲得更大的發展空間，逐步向近代小說觀念靠攏。

再如《山海經》類的作品亦如是。原來，班固將《山海經》歸入《漢志》術數略的形法類。其後，《隋志》將《山海經圖讚》歸入史部地理類，《舊唐志》《新唐志》及《宋志》皆依循《隋志》的歸類。《漢志》將《山海經》歸入術數略形法類，其依據在於史家認爲山乃形氣相具的自然構造，其亦作爲考察地理環境、氣勢及世間一切吉凶禍福的標準之一，故列入形法類。而其被此後的史志目錄歸入地理類，自然是《山海經》記載了許多的山川之名、水文河流之故。但也因爲內容中保存了大量的神話傳說，「閎誕迂誇、多奇怪俶儻之言」〔註 98〕，故被明代的胡應麟認爲是「語怪」之書，具有許多虛構誇誕的成分。到了清代，無論是《補晉書志》或《總目》，都將之退置到小說家。《總目》認爲《山海經》多敘神怪，恍忽無稽，且「道里山川，率難考據」。余嘉錫先生駁斥此說，指謫《總目》歸入小說家並無不可，但不應以後世之見，輕議古人。〔註 99〕余嘉錫謂《總目》所謂難以考據，不過是因爲其時治學未精，並指「後來若畢沅、郝懿行二家，其於道里山川，多能言之鑿鑿，絕非憑空杜撰」。〔註 100〕以此譏諷《總目提要》所云猶如「得毋如見駱駝言馬腫背也乎？」〔註 101〕王齊洲亦認爲《總目》用這種「眞」「信」和「有徵」「無徵」的標準來區分宋以後的歷史著作和小說作品，也許較爲合理，但若用它來衡量唐前特別是先秦的著作，則未免有點圓鑿方枘了。〔註 102〕畢竟，先秦時人的思維方式與眞信概念與後人極爲不同，後人認爲虛妄的，當時人卻以此爲信史，如服虔注《左傳》檮杌與饕餮皆引自《山海經》文，又如賈思勰之《齊民要術》、酈道元之《水經注》，莫不「採茲異聞，證彼故實」，作爲經史之考鏡。〔註 103〕余嘉錫與王齊洲所言甚是。然而，後來「三志」也將《山海經》類的作品歸入小說家類，可見清人對歷史眞實的要求又比宋人更加嚴

〔註 98〕丁錫根編著：《中國歷代小說序跋集》，北京：人民文學出版社，1996 年，第 5 頁。

〔註 99〕余嘉錫：《四庫提要辯證》，北京：中華書局，2007 年，第 1129 頁。

〔註 100〕余嘉錫：《四庫提要辯證》，北京：中華書局，2007 年，第 1122 頁。

〔註 101〕余嘉錫：《四庫提要辯證》，北京：中華書局，2007 年，第 1122 頁。

〔註 102〕王齊洲：《在子史之間尋找位置——史志著錄所反映的中國傳統小說觀念》，載《稗官與才人——中國古代小說考論》，長沙：嶽麓書社，2010 年，第 155 頁。

〔註 103〕余嘉錫：《四庫提要辯證》，北京：中華書局，2007 年，第 1125 頁。

格了。而且，一旦認定一部作品屬於小說性質，那麼這部作品的所有文獻整理著作，皆一併歸入小說家。

　　總的來說，自《新唐志》始，小說雖作爲史之流，被允許虛構了。那些含有虛構成分的作品被清除出史部，退置小說家。清人更爲嚴格遵守這一點，舉凡經不起考證，難以作爲信史的雜傳記、雜傳、傳奇作品等，統統調整到小說家。自此，小說漸漸脫離史家的籠罩和淵源，獨立發展開來。這對小說本身，無疑是一種進步的觀念。

第三節　今人文言小說專科目錄編纂之綜述

　　20 世紀 80 年代以來，中國文言小說研究開始改變《聊齋誌異》一枝獨秀的局面，研究範圍逐漸擴大探討文言小說的斷代史、專題史、通史等，出版著述多種。在書目文獻研究方面十分突出的是李劍國所著《唐五代志怪傳奇敘錄》（南開大學出版社，1993）及《宋代志怪傳奇敘錄》（南開大學出版社，1997），這兩部著作敘錄了唐五代及兩宋的單篇傳奇和志怪傳奇集。而在傳統的史志目錄分類上，傳奇類型的作品未必盡悉列入小說家類。本文僅選取幾部主要的以文言小說名之的專科目錄，作爲論述對象，分析各家編纂文言小說目錄的各種設想與觀念。袁行霈編的《袁氏目》（1981）與程毅中的《程氏簡目》（1981）只錄書名；劉世德主編的《劉氏百科全書》（1993）、《寧氏目》（1996）、《石氏目》（2004）及《朱氏目》（2005）等則附提要。由於《補編》及《拾遺》屬於今人補志著作，故考察今人文言小說專科目錄之編纂，除了可作爲本文研究此兩種補志之借鏡，亦可做一個比較性的研究，畢竟從觀念的挖掘到小說史的發展溯源，往往是從差異中考察出來的。

一、袁行霈、侯忠義《中國文言小說書目》

　　上述各家的著錄標準都不同。《袁氏目》旨在求全以保存歷史面目，故不以今天的小說概念來作取捨標準，而是以審愼、完備爲目標，將古代以文言撰寫的小說，凡見於各正史《藝文志》《經籍志》，各官修目錄、重要私人撰修目錄，各地方志者，即史官與傳統目錄學家於子部小說家類所列書目，不論存佚，盡量搜羅，並按時代詮次，先列書名、卷數、存佚，再列撰者、著錄情況，版本，並附以必要之考證說明，共計兩千餘種。因此，小說意義的概念更爲廣泛。如袁行霈據《玉海》卷 148 所引《宋國史藝文志》小說家

補入書目《畫八駿圖》一卷。〔註 104〕類似《畫八駿圖》此類圖畫著作，在正史《藝文志》或《經籍志》中，一般列入雜藝術類。

由於袁行霈是以「審愼、完備」爲目標，故其所引用的書目也非常多，除了上述論及的歷代正史《經籍志》《藝文志》及清代補志（《補編》及《拾遺》除外），也引用了許多官私書目及國史藝文志，如《中國叢書綜錄》《百川書志》《文獻通考》《清續經籍考》《欽定續通考》《欽定續文獻通考》《通志・藝文略》《八旗藝文編目》子部稗說、《總目》《販書偶記》《溫州經籍志》《福建藝文志》《光緒杭州府志・藝文志》《秘書省續四庫書目》《郡齋讀書志》《秘書省續四庫書目》《八千目》《直齋書錄解題》《千頃堂書目》《遂初堂書目》《玉海》所引《宋國史藝文志》《國史經籍志》《太平廣記》。此外，袁行霈也參考了近人以降的書目著作如魯迅的《古小說鉤沉》《唐宋傳奇集》及唐圭璋的《南唐藝文志》。

雖然說袁行霈編撰的文言小說收錄之書目顯得過於龐大，然如程毅中在其序言中所說：「多少能爲文言小說的讀者提示一些門徑，節省一些時間」。〔註 105〕總的來說，《袁氏目》採用的著錄方式仍不脫離傳統目錄學範疇，亦顯示了上一輩學人治學嚴謹，不輕易論斷的嚴謹態度。

二、程毅中《古小説簡目》

程毅中編纂的《程氏簡目》同樣於 1981 年出版問世。他在《前言》裏表示在編纂書目上分類的難度，即「以分類而言，一類中有各種不同性質的書；以書而言，一書中可能還有不同的題材。」〔註 106〕這就是爲什麼《新序》與《說苑》被劉向列入了儒家類，而其中淺薄不中義理者，即別集爲《百家》，列入小說家類。再以《宋志》爲例，其所收的小說類作品相當蕪雜，如詩話、類書、花木譜等，兼收並蓄，難以照錄。對此種種，程毅中認爲要解決這些問題，頗爲費神，姑且暫以五代爲斷限，以後朝代留待日後操作。

《程氏簡目》所收錄的古代小說，主要是文學性較強的志怪、傳奇作品，但也不是盡悉歸入小說家類，而是適當地尊重歷史傳統，參照史書《藝文志》

〔註 104〕袁行霈、侯忠義編著：《中國文言小說書目》，北京：北京大學出版社，1981年，第 19～20 頁。
〔註 105〕袁行霈、侯忠義編著：《中國文言小說書目・序》，北京：北京大學出版社，1981 年，第 2 頁。
〔註 106〕程毅中：《古小說簡目・前言》，北京：中華書局，1981 年，第 1 頁。

小説類著錄的源流，並兼收雜事、瑣記之類的作品。〔註107〕此外，程毅中也頗爲重視源流類別的變遷，凡各史志書目分類不同的作品，便一一詳明，以讓讀者能夠考察其源流變化。這本文言小説書目，作者自言除了書後附錄的《存目辯證》進行了更多一些的考證，《程氏簡目》亦不過是各家書目的彙集而已。〔註108〕如果說作者對《程氏簡目》的編纂與分類仍屬於摸索階段，那麼他在2009年出版的《古體小説論要》中的一文《小説觀的發展和古籍目錄學的調整》，便可見其對於文言小説書目編纂的觀念及思考，已轉爲更加透徹、深入且成熟。程毅中在文中表示道：「古代的子部小説種類很多，性質和價值各不相同，我們可以各抒所見，有選擇地列入小説史研究的範圍，但對於古人所謂的子部小説，也需要作定性、定位的研究。我們不能簡單地割斷歷史，把古體小説排除在中國小説史之外；也不能完全因襲古人，把古代書目著錄的小説全部收入小説的目錄。」〔註109〕

今人與古人的小説觀不一，比方說現今圖書館的小説一欄，就未必對古代史志目錄子部小説著錄照單全收。對於子部小説文獻的整理與分類，程毅中建議方案有二：一是全面改革古籍圖書的分類，另設類目；一是在四部分類法的基礎上進行調整、補充，例如不必把近體小説另列到集部，而考慮在子部增添近體小説一大類；對子部小説雜事之屬的作品進行甄別，將偏重於史實記載的雜史、雜傳等歸回史部，雜俎性質的就改入子部雜家類，這樣可能與當代小説史觀的發展相適應。〔註110〕此外，程毅中也認爲對古體小説的界定，應該宋以前從寬，宋以後從嚴，在著錄分類上偏粗一些，而在研究上則力求細緻。〔註111〕這個設想對於今人研究文言小説史也許不失爲一個好方法，以彌補分類之不足或爲難之處。

三、劉世德《中國古代小説百科全書》

作者劉世德在《劉氏百科全書・前言》部分論及其撰寫《劉氏百科全書》

〔註107〕程毅中：《古小説簡目・凡例》，北京：中華書局，1981年，第8頁。

〔註108〕程毅中：《古小説簡目・前言》，北京：中華書局，1981年，第6頁。

〔註109〕程毅中：《小説觀的發展和古籍目錄學的調整》，載《古體小説論要》，北京：華齡出版社，2009年，第116～117頁。

〔註110〕程毅中：《小説觀的發展和古籍目錄學的調整》，載《古體小説論要》，北京：華齡出版社，2009年，第118～120頁。

〔註111〕程毅中：《小説觀的發展和古籍目錄學的調整》，載《古體小説論要》，北京：華齡出版社，2009年，第120～121頁。

的看法。他指出，如果完全依據今天通行的小說概念，那麼，一大批古代文言小說勢必無緣進入我們的這部百科全書。而如果完全依據古人的種種有關小說的概念，那麼，我們的這部百科全書又將顯得內容蕪雜、大而無當。因此，對待古人的小說概念和今人的小說概念，既不擯棄前者，也不拒絕後者；既尊重前者，也採納後者，力求把二者結合起來，加以靈活運用。在具體做法上，關於文言小說的條目，舉凡宋代以前的文言小說（即有的學者所稱的「古小說」），不管是符合古人的概念，或是符合今人的概念的，只要是可考的，就盡可能全部收入；宋代、元代的文言小說，大部分收入；對明、清兩代的文言小說，則作有選擇性的收入，入選者大抵是那些符合或接近於今人的概念而又比較重要的作品。〔註112〕這個做法基本上繼承了程毅中「宋以前從寬，宋以後從嚴」的態度，並把現實中的小說發展考慮在內，進行甄別著錄。《劉氏百科全書》在介紹每部小說作品時，也述其在歷代史志目錄的分類及作品內容解析、考證，對小說研究者的助益甚大。

四、寧稼雨《中國文言小說總目提要》

《寧氏目》收中國先秦至 1919 年漢語單篇文言小說、文言小說集、文言小說叢書、文言小說類書，正文正名 2184 種，異名 516 種。另附《剔除書目》正名 292 種，異名 57 種，《偽訛書目》正名 172 種，異名 4 種。全書共收正名 2648 種，異名 577 種，總目 3225 種，並將文言小說分成了「志怪」「傳奇」「雜俎」「志人」「諧謔」五類。從作品收錄的數量，附錄的兩種書目的設想與調整及文言小說類型的劃分，皆可見寧稼雨於此目錄書用力頗深。

《寧氏目》的《前言》撰寫於 1994 年，針對《劉氏百科全書》的小說收錄提出了下列幾個觀點：（一）《劉氏百科全書》所陳述的具體做法稍有不足之處。他指出，南北朝時期的《宋拾遺》《宋齊語錄》《類林》等作品，完全是晉代《郭子》《語林》《殷芸小說》一類作品的流變。而《世說新語》《西京雜記》一類作品，儘管未列入史志目錄子部小說家類，卻有充足理由將其列入志人或雜俎小說中。至於南北朝至唐代的志怪作品，可入選的就更多了。〔註113〕但《劉氏百科全書》卻不重視那些次要的作品的有無。（二）《劉

〔註112〕劉世德、程毅中、劉輝主編：《中國古代小說百科全書·前言》，北京：中國大百科全書出版社，1993 年，第 1 頁。
〔註113〕寧稼雨：《中國文言小說總目提要·前言》，濟南：齊魯書社，1996 年，第 2 頁。

氏百科全書》對宋元兩代的文言小說，採取「大部分收入」的準則，但所謂「大部分收入」這點的實際標準到底是什麼，卻沒有詳明。基於此，寧稼雨指出，小說目錄學家不應該把主要精力放在判定一部書的全書是否是小說，而應該深入考察一部書中有沒有多少個小說故事，它們對小說和戲曲的發展有何作用和影響，從而達到摸清文言小說的全部底細，確定文言小說的準確數量的目的。〔註114〕由於小說易混淆於各部類之間，從閱讀到鑒定的全過程，也絕非易事。此外，寧稼雨也直言並不反對《劉氏百科全書》用今人的觀念來甄別清代的小說著述並僅選取重要的著述著錄；但這只能是相對而言。畢竟，考察近代以降的文言小說專科目錄的清代著錄與清代史志目錄的子部小說著錄，亦多有出入。（三）他闡明了編纂文言小說目錄的基本原則：「在尊重古人小說概念的前提下，以歷代公私書目小說家類著錄的作品為基本依據，用今人的小說概念對其進行遴選釐定，將完全不是小說的作品剔除出去，將歷代書目小說家中沒有著錄、然而又確實可與當時的小說相同，或能接近今人小說概念的作品選入進來。」因此，書後亦附有《剔除書目》。這個概念很好，將自己認為非小說的作品收錄在內，不至於使作品失錄，亦可作為後來研究者的借鑒及進一步考辨。那些被列入《剔除書目》的古代子部小說，也給古今小說觀念的演變與發展提供了重要的線索。

　　2005 年時，《朱氏目》出版了。此書的編纂寧稼雨亦參與其中。此書目分為上編（文言部分）及下編（白話部分）。文言部分按朝代收入小說，即唐前、唐五代、宋遼金元、明代、清代五部分，文言小說總數為 2160 部。此書無《序》及《凡例》，就起著錄內容來看，與《寧氏目》的著錄沒多大不同。在每部小說的書目提要前，都會注明其門類性質，如文言小說集、文言笑話集、志人小說集、志怪小說集、傳奇小說、傳奇小說集、志怪傳奇小說集、文言章回小說、文言神魔小說集、雜組小說集等。本文然而，文言笑話集與文言小說集之間的差別在哪兒？笑話類在史志目錄中不都隸屬於小說類嗎？雖然說寧稼雨先生亦參與此書的編著，然代表其小說觀念的，自然還是以其獨立完成的《寧氏目》為標準。當然，作為較晚出的朱氏目，也有可能體現了寧稼雨對於某部書分類觀念的變化。

〔註114〕寧稼雨：《中國文言小說總目提要・前言》，濟南：齊魯書社，1996 年，第 3 頁。

五、石昌渝《中國古代小説總目》（文言卷）

　　石昌渝在編纂小説目錄時特別注意到新發現的文獻資料及新觀念的產生。比如，傳奇作品是否是小説觀念的演變。石昌渝表示，過去，唐劉知幾認為「小説」乃史乘之流，因此把那些虛妄、荒誕，無史料價值的傳奇作品，如《古鏡記》《霍小玉傳》《補江總白猿傳》，都摒除在小説家之外。到了歐陽修，認可小説的虛構特徵，適當地將許多傳奇作品從雜傳移入小説家。到了有清一代，紀昀賦予了「小説」新定義，他認為小説富含「敘事性」的特徵，並有史料或勸善懲惡的功能，因此他把那些「僞妄」「皆近於委巷」，但又有「寓勸誡、廣見聞、資考證」交錯其中的傳奇作品，如《飛燕外傳》《大業拾遺記》《海山記》等，列於「小説家類存目」裏，而那些寫的不是歷史人物事件，且富於想像虛構的傳奇文，如唐代的《柳毅傳》《李娃傳》，宋代的《王魁傳》《流紅記》，明代的《剪燈新話》及清代的《聊齋誌異》等，因有失「小説」之正體，而一概不予著錄。〔註 115〕的確，編纂一本文言小説目錄，不得不考察那些產生了的新觀念與被摒棄的舊觀念。石昌渝編纂小説目錄前，也閱讀比較了前人的文言小説目錄著作。他在此基礎上進行思考，編纂了一部《中國古代小説總目》。此書著錄了 1912 年以前寫、抄、刻、印成的小説作品。全書分為「白話卷」「文言卷」，並為每一條目作了提要，其中文言小説占 2,904 種。

　　石昌渝認為《寧氏目》已經在《程氏簡目》《袁氏目》的基礎上前進了一步，是近數十年來文言小説目錄學的宏篇巨著，可以說已相當完備，但由於現有的小説書目還是不能滿足日益增長的學術需要，故有必要再編撰一部《中國古代小説總目》。〔註 116〕另外，編纂的目的也是為了實現 20 世紀 30 年代鄭振鐸將文言小説和白話小説合為一體的願望。雖然全書分為「白話卷」和「文言卷」兩部分，但在「索引卷」方面，卻能一併檢索「白話卷」和「文言卷」，把白話小説和文言小説之間的藩籬撤除。石昌渝舉例言之，如要檢索明代嘉靖年間有哪些白話和文言小説，只要查「索引卷」的「嘉靖」條，便一目了然；如果要知悉白話小説和文言小説究竟有哪些作品描敘趙飛燕的故事，也

〔註 115〕石昌渝：《20 世紀以來的中國古代小説目錄學》，《社會科學管理與評論》，2004
　　　　　年第 4 期，第 35 頁。
〔註 116〕石昌渝：《中國古代小説總目・前言》（文言卷），太原：山西教育出版社，2004
　　　　　年，第 5 頁。

只要查「索引卷」的「趙飛燕」條便可得知。﹝註117﹞這種結構，可以說是石昌渝的創新。石昌渝編纂的文言小說書目，除了想要結合小說史的實際發展、歷代公私書目的新觀念來編纂一部滿意的小說目錄學著作，更想要打破文言小說與白話小說的藩籬，探討兩者在創作與發展史上的聯繫性，即其共性與差異。

　　歷來小說書目的編纂者遇到最棘手的問題大概是分類的問題。書目分類，具有辨章學術，考鏡源流之作用，但石昌渝認為現有的各種分類法，似乎都難以規範所有的作品。基於此，不如考慮不在分類問題上糾纏，並且另闢新徑呢？石昌渝首個嘗試不按門類劃分，也不按成書時間之先後，而是依據書名首字的音序排列。在《前言》部分，作者也舉例闡明了自己的觀念，即按門類劃分的難度。以傳奇與志怪二者為例，明代胡應麟《少室山房筆叢》將「傳奇」與「志怪」列為「小說」類。「傳奇」立類的標準是題材，記奇異之事。這奇異之事包括人間及鬼神的異聞，題材範圍比專記神鬼靈異之事的「志怪」要廣得多。然而要斷定一本書到底屬於哪一類，尤為困難。如清代的《聊齋誌異》中許多故事或一件事內就是志怪、傳奇並載的，紀昀因此批評《聊齋誌異》以傳奇法寫志怪，他認為「傳奇」的特徵是想像虛構和鋪敍藻飾，志怪則應當堅持實錄，文字篇幅要相對短小。因此僅從題材作為劃分標準，實際操作起來還是困難的。石昌渝舉例言之，指《聊齋誌異》中的傳奇作品只占全書篇數的三分之一，其他三分之二都是志怪和雜錄，當然這三分之一的傳奇篇幅都較長，而且是其書之精華與代表，但若從目錄學的角度來劃分類別，如《袁氏目》將之歸類在「傳奇」類，則不太符合實際。基於此，石昌渝作出以下結論：「文言小說集諸如此類的情況不勝枚舉，很難將它們分別妥當地安放在我們預設的類型框架內。目錄學對小說的分類，是一個有待於進一步探討和研究的問題。在沒有求得穩妥的方案之前，我們以為與其給人一種不準確或者不甚科學的門類概念，不如暫不分類。」﹝註118﹞

　　石昌渝在前人編纂小說書目的基礎上，可以說是更進一步的，可見其思考之深入，觀察之細微，編纂索引之創新處。然而，對於以音序排列書名，而沒按照作品之門類性質來劃分，以目錄學的角度來說，總覺隔了一層，未

﹝註117﹞ 石昌渝：《中國古代小說總目‧前言》（文言卷），太原：山西教育出版社，2004年，第6頁。
﹝註118﹞ 石昌渝：《中國古代小說總目‧前言》（文言卷），太原：山西教育出版社，2004年，第8頁。

能達到辨章學術，考鏡源流的作用。雖然並無給人一種不準確或不科學的門類概念，但這種避開不分類的做法，對於文言小説書目的使用者與研究者而言，也減少了一個可供考辨問題及借鑒研究的空間。

　　本文認為，誠如石昌渝所言，編纂一本文言小説目錄，必須借鑒新文獻資料與新觀念。此外，更應該考察過去歷代史志目錄的小説觀念的演變。這是尊重古人的小説概念，也是為了還原歷代的小説編纂者的觀念，以此考察小説在歷代的發展面貌。我們不能以今律古，但是不是能用今人的小説觀念來考察歷代史志目錄子部小説的著錄與失錄，在尊重與瞭解古人的前提下，以此勘察古今小説觀念的演變與小説史的發展。目前，雖然說還沒有哪一部文言小説書目是絕對讓人滿意的，但每一部文言小説專科目錄的編纂對於我們考察歷代史志目錄小説家類的著錄演變，古今小説觀念之繼承與創新，乃至於中國文言小説在古今中外小説發展史上的全部內涵，都是大有助益的。

小　結

　　小説家，原來在《漢志》中隸屬於《六藝略》之《諸子略》中一類，至《隋志》始被歸類在四部中子部一類。以後文言小説便在子部中發展開來。二十五史中，或者因為缺《藝文志》或《經籍志》，或者因其著錄的文言小説數量與歷代實際創作的小説作品數依然相距甚遠，故補志著作相繼而出，以彌補缺漏，求其完備。考察二十五史中史志目錄小説類作品著錄之沿革，可發現歷代小説觀念的演變。班固按《七略》將小説家列入諸子略中第十家，將之視為尚有可觀處的「小道」，收錄在內。雖然班固認為小説家類不入流，但因為班固的著錄，小説家至此得以在史志目錄中占一席之地，得到關注與發展。小説觀念直到歐陽修的改革，才開始有了較大的變化。歐陽修把那些存在著虛妄成分，經不起考證的作品從史部中清除出來，退置小説家，才開始形成了小説內容「虛構」的特點。可以說，《新唐志》標誌著小説轉化為近現代小説觀念進程的重要一環。至清代，情況則有所不同，《清志》及其他補志的史志目錄承認傳奇作品為小説的一支，而代表著官方意志的《總目》則把傳奇作品排除在小説門外，並把那些沒有教育意義、歷史作用的作品歸入存目類。《總目》作為清代重要的史志目錄，有助於本文從差異中去分析《清志》的著錄標準，下文第四章將作進一步論述。

　　從歷代史志目錄子部小說著錄的異同分析來看，小說作品向來徘徊在子史之間。這一點，古今小說目錄編纂者都不能幸免迴避這個問題。經研究分析，把一部作品歸入子部雜家、小說家或是史部故事類、雜傳類、傳記類、地理類等等，都需要慎思與明辨，這當中透露出編纂者的史學觀念。近代以降，許多前輩學者對文言小說目錄的編纂而勞心勞力，可是依然未有一部讓人滿意的文言小說書目，或許探討歷代小說觀念的變遷，編纂者的小說觀念，小說史的發展情況，解釋為什麼如此分類，遠比爭論這樣分類到底對不對來得更有意義。

　　本章的研究，盼能給《清志》及其補志的研究起到史學目錄之編纂及分析的歷史借鑒作用，也能從中窺探及考察二十五史《藝文志》及《經籍志》的子部小說著錄的內在聯繫性，以此建立符合中國古代實際情況的中國文言小說觀念，摸清中國古小說的實際發展面貌，而不是依附於今人及西人的小說觀念而形成的中國小說觀。

第二章　《清史稿‧藝文志》《補編》《拾遺》及其小說類屬著錄情況考述

　　《清志》爲全書十六志之一，而子部小說類則爲《藝文志》十四類之一。因此，作爲《清史稿》一部分的《清志》，及作爲《清志》一部分的子部小說類，其中有些問題是不可分割來談的。《補編》與《拾遺》的情況亦如此。故要了解「三志」子部小說著錄的特點，得先從「三志」的編纂者、體例等進行分析、考述，而對於「三志」的批評，也由《藝文志》細推到小說，兩者之間的關係密不可分。

第一節　《清志》及其類屬子部小說著錄特點

　　《清志》著錄，但存其目。對於該書編纂者及其思想，可供考究的資料甚少。幸有朱師轍撰述《清史述聞》，對《清史稿》的纂修全過程、修史及體例商榷等問題，進行補充、梳理，才使我們對《清史稿》及其《藝文志》等編纂情況有更多了解。下文將探討《清志》的編纂者、體例、版本問題，最後對《清志》作出批評與訂誤。

一、《清志》主要編纂者考述

　　《清志》的編纂者有三位，即吳士鑒、章鈺及朱師轍。關於主稿者，即主要責任者方面，歷來有兩種觀點，有的人認爲吳士鑒爲主要責任者，也有

人認爲章鈺爲主要責任者。根據金梁《清史稿校刻記》：「《藝文》爲章君鈺、吳君士鑒原稿，朱君師轍復輯。」〔註1〕據朱師轍所記則是「《藝文志》四卷，吳士鑒（《長編》九本），章鈺（分類），朱師轍（改編整理）」。〔註2〕金梁的記載突出章鈺的貢獻；而朱師轍的記載則更突出吳士鑒的責任，章鈺只是根據吳士鑒的《長編》，作出分類而已。

面對紛爭，《藝風堂友朋書札》裏的信札文獻，可以作爲我們理清《清志》主稿者的重要線索。吳士鑒與章鈺都曾致函繆荃孫討論過編纂清史《藝文志》的問題。現羅列吳士鑒寫給繆荃孫的信件中的相關內容：

第 11 函：「到館以後，如認辦《藝文》，則尊著尤黨奉爲淵藪耳。」〔註3〕

第 15 函：「《藝文》當請式之專任。任有所裒錄，即以交之。」〔註4〕

第 20 函：「又創立《藝文志長編》，已得二千餘種（原注：不過大輅椎輪），將來與章式之同年匯成一起，仍望長者以最著而不經見之書開示若干，俾得免於儉嗇。」〔註5〕

從上述數條材料來看，章鈺並非如朱師轍所言，僅在《長編》的基礎上進行分類而已。實際的情況應是吳士鑒先開始編纂《藝文志》，所得至少有兩千餘種，後輯成《長編》，並致函繆荃孫，請章鈺專任《藝文志》之事，並計劃將來與章鈺所得成果匯總在一起。如此說來，二人是分頭進行的。雖然我們無從知曉吳士鑒後來又補錄了多少種，但至《清志》問世時，全書總共著錄了 9,633 種著述。被聘爲專任《藝文志》搜羅、編纂工作，以與吳士鑒所得的書目匯總一起的章鈺，又怎麼可能只是在吳士鑒的工作成果上進行分類而已呢？這 9,633 種較吳士鑒當時所說的兩千餘種，足足多出了 7,633 部，可見章鈺於《藝文志》用力甚勤。

〔註1〕趙爾巽等撰：《清史稿》，北京：中華書局，1977 年，第 14739 頁。

〔註2〕朱師轍：《清史述聞》，上海：上海書店出版社，2009 年，第 36 頁。

〔註3〕顧廷龍校閱：《藝風堂友朋書札》，上海：上海古籍出版社，1981 年，第 450 頁。

〔註4〕顧廷龍校閱：《藝風堂友朋書札》，上海：上海古籍出版社，1981 年，第 454 頁。

〔註5〕顧廷龍校閱：《藝風堂友朋書札》，上海：上海古籍出版社，1981 年，第 458 頁。

　　另一方面，考察章鈺寫給繆荃孫的信函，更可以確定《清志》的主要責任者爲章鈺。有關信函茲列如下：

　　　　第 24 函：「《藝文志》底稿如已檢出，求賜寄，以作標準。」〔註6〕

　　　　第 25 函：「大著《藝文志》底本如檢到，幸賜寄，奉爲楷模。」〔註7〕

　　　　第 31 函：「鈺月必入館一二次，《清志》採輯雖多，所缺尚不可計數。現所最要訪求者，莫如諸家通行書賬。」〔註8〕

　　　　第 35 函：「鈺比曾到館，所纂《藝文志·經部》已得大概，持稿商閏老，極佩指教。因思近來藏家目收本朝著述者，《八千卷樓》外，即推《愚齋目》，由丈編定，雖未刊行，必有稿本，萬祈檢借，以備纂輯，能稍成片段，藉免紕漏。」〔註9〕

　　　　第 36 函：「晤絅齋同年，知大稿交館長後，如約不傳佈，鈺亦不敢冒昧請觀。擬草《藝文志長編》，搜集各官書，不勝汪洋之歎。現在只能實作鈔胥，不免爲通人齒冷。……鈔《丁目》，似少史、子部內小門類，不知有完書否？」〔註10〕

　　　　第 41 函：「《藝文志》終以見聞寡陋，中有數門更非專家不辦，用是尚難請正於同好，不敢不勉，敬佩清誨。」〔註11〕

　　　　第 42 函：「鈺則志在《藝文》，現擬遍考類別方法，不敢鹵莽從事也。」〔註12〕

　　　　第 46 函：「常茂徠著作容補入正稿。」〔註13〕

　　以上信札顯示，章鈺多次提及《藝文志》，確實專任此事，並且曾向繆荃孫論及借書目事，以作編纂《藝文志》之用。然而，繆荃孫的《擬清史藝文

〔註 6〕顧廷龍校閱：《藝風堂友朋書札》，上海：上海古籍出版社，1981 年，第 597 頁。
〔註 7〕顧廷龍校閱：《藝風堂友朋書札》，上海：上海古籍出版社，1981 年，第 597 頁。
〔註 8〕顧廷龍校閱：《藝風堂友朋書札》，上海：上海古籍出版社，1981 年，第 599 頁。
〔註 9〕顧廷龍校閱：《藝風堂友朋書札》，上海：上海古籍出版社，1981 年，第 600 頁。
〔註 10〕顧廷龍校閱：《藝風堂友朋書札》，上海：上海古籍出版社，1981 年，第 600～601 頁。
〔註 11〕顧廷龍校閱：《藝風堂友朋書札》，上海：上海古籍出版社，1981 年，第 602 頁。
〔註 12〕顧廷龍校閱：《藝風堂友朋書札》，上海：上海古籍出版社，1981 年，第 603 頁。
〔註 13〕顧廷龍校閱：《藝風堂友朋書札》，上海：上海古籍出版社，1981 年，第 604 頁。

志稿》對章鈺而言，實際上不怎麼起作用，原因是繆荃孫所著錄的數量有限，只有 110 種，可供章鈺借鑒、使用的材料甚少。章鈺考慮的不只是分類問題，更包括了各種公私書目的搜集、徵引、採輯與編纂。朱師轍在《清史述聞》中述及史館工作大致分為三期，談及館中個人的分工時，也闡明了吳士鑒參與《藝文志》的工作僅在第一期，而章鈺則在第一及第二期。〔註14〕上文述及朱師轍在《清史稿紀志表撰人詳考表》的闡述，又無疑抹殺了或者說淡化了章鈺編《長編》與專任《藝文志》的貢獻。

當然，對於主稿者為誰，還存在另一種說法。1927 年《清史稿》排印出版時，「關內本」隨之出現《藝文志》單行本時，史學界把朱師轍視為《清志》成書的主要貢獻者。近年出版的《北京圖書館普通古籍總目》的第一卷《目錄門》就將《清志》著錄為「朱師轍等編」。〔註15〕然而，正如中華書局排印本《清史稿藝文志及補編·出版說明》中所說的，朱師轍的貢獻在於曾對《清志》初稿擬定了修改原則，並做了一些整理，但他並沒有徹底實行他的原則，而只限於修修補補，沒做太大的改動。所以，稍稍翻檢《清志》，就會發現不少問題。〔註16〕更確切地說，朱師轍對於《清志》的責任與貢獻，在於改善、修補，而非編纂或增補。朱師轍在《清史述聞》中亦稱自己「任《藝文志》整理」〔註17〕。由此觀之，在編纂者方面，題「章鈺等編」，更合乎史實。下文進一步介紹章鈺等人。

章鈺（1865～1937），字式之，別署堅孟、茗理、蟄存、負翁等，晚年又自號北池逸老、霜根老人等。室名永思堂、崇禮堂、不斗齋、四當齋等。其高祖章何德為經商人士，父親則開設存誠堂藥店，用林則徐戒鴉片煙方，製成藥丸出售。後為塾師，設館授徒，母親則為劉氏。章鈺自幼好學，父親見其有志讀書，節衣縮食，為其購買《困學紀聞》《日知錄》等書，令其讀之。章鈺自言這二部書為其知識的啟蒙之端。〔註18〕章父未曾因為環境的窘迫而使其節操有所貶損，實則因章母拮据支持，並常以「吃得苦中苦，方為人上

〔註14〕 朱師轍：《清史述聞》，上海：上海書店出版社，2009 年，第 52～54 頁。
〔註15〕 北京圖書館普通古籍組編：《北京圖書館普通古籍總目》，北京：書目文獻出版社，1990 年，第 28 頁。
〔註16〕 章鈺等編：《清史稿藝文志及補編·序》，北京：中華書局，1982 年，第 3 頁。
〔註17〕 朱師轍：《清史述聞》，上海：上海書店出版社，2009 年，第 36 頁。
〔註18〕 章鈺撰：《先考朝議府君事略》，沈雲龍主編：《四當齋集》，臺北：文海出版社，1986 年，第 198 頁。

人」之語安慰之。章鈺受其父母影響，更加刻苦勤學，以圖自立〔註 19〕，到了弱冠之年，便補博士弟子員，肄業於紫陽書院學古堂，稱高材生；光緒十五年（1898 年）又中舉人。這都是他勤奮聚書，遍讀二萬餘卷的結果。〔註 20〕學長汪之昌指導章鈺治學爲文之法：「先讀遼、金、元三史，以期用心入細。後遂專研經義，以《說文》爲輔，旁及諸史、諸子與夫輿地、目錄、九家言。行文則徑學《史》《漢》，不屑以八家入手。」〔註 21〕章鈺尤其擅長金石、目錄及乙部掌故之學，給人講課不知疲倦，從遊者眾。〔註 22〕晚年時，章鈺在天津居住，發奮遍校群書，並把宋人尤袤「饑讀之以當肉；寒讀之以當裘，孤寂而讀之以當朋友；幽憤而讀之以當金石琴瑟也」〔註 23〕之語揭其所居，號「四當齋」，以此勉勵自己，常常「日坐其中，丹鉛不去手，聞有孤槧異笈，必展轉傳錄」。〔註 24〕其於《資治通鑒》誦習尤精。張舜徽先生評價曰：「（章鈺）嘗採用各種宋本，校訂《通監》正文，逐字比勘，校出二百九十四卷中脫、誤、衍、倒四者，蓋在萬字以上。內脫文五千二百餘字。關係史實爲尤大。愛手寫校記七千數百條，編爲《胡刻通鑒正文校宋記》三十卷，信足爲涑水功臣。鈺一生讀書細心，比勘異同，至爲精密。」〔註 25〕其「四當齋」藏書豐富，達 3,568 部，72,000 卷。顧廷龍據其藏書編纂有《章氏四當齋藏書目》。

　　1914 年，清史館館長趙爾巽聘用章鈺爲纂修。朱師轍撰述《清史述聞》，述及《清史稿》纂修的經過。在卷十四《叢錄》二《張爾田〈清史稿〉纂修之經過》一文中，附上《清史館館員名錄・纂修兼總纂》的名單，指「章鈺

〔註 19〕 章鈺撰：《先妣劉太恭人事略》，沈雲龍主編：《四當齋集》，臺北：文海出版社，1986 年，第 200 頁。

〔註 20〕 張爾田撰：《先師章式之先生傳》，沈雲龍主編：《四當齋集》，臺北：文海出版社，1986 年，第 1 頁。

〔註 21〕 章鈺撰：《新陽汪先生墓表》，沈雲龍主編：《四當齋集》，臺北：文海出版社，1986 年，第 245～246 頁。

〔註 22〕 張爾田撰：《先師章式之先生傳》，沈雲龍主編：《四當齋集》，臺北：文海出版社，1986 年，第 1 頁。

〔註 23〕 張爾田撰：《先師章式之先生傳》，沈雲龍主編：《四當齋集》，臺北：文海出版社，1986 年，第 1 頁。

〔註 24〕 張爾田撰：《先師章式之先生傳》，沈雲龍主編：《四當齋集》，臺北：文海出版社，1986 年，第 2 頁。

〔註 25〕 張舜徽：《清人文集別錄》，《張舜徽集》，武漢：華中師範大學，2004 年，第 609 頁。

（式之）任乾隆朝《列傳》、整理《忠義傳》，且於第一、二期編輯《藝文志》。」
〔註26〕上文述及吳士鑒《藝文志長編》，可以說爲《藝文志》編纂工作的開
山之作，功不可沒。然而吳士鑒後因另有任務，而不得不舉薦章鈺主稿《藝
文志》。吳士鑒（1868～1892），字絅齋，號公詧，又號含嘉，別署式溪居士，
爲錢唐（今浙江杭州）人。其參與編纂《清史稿》，兼總纂，主要任順治、
康熙時期《列傳》，在館內工作第一期時曾輯《藝文志長編》。又撰《皇子世
表》《公主表》，又分任《地理志》貴州、新疆各一卷。〔註27〕

　　《清志》的另一責任者爲朱師轍（1878～1969），字少濱，江蘇吳縣人，
生於黟縣。祖父朱駿聲爲清代著名學者，道光年間任黟縣訓導。民國初年，
朱師轍與其父朱孔璋相繼任職清史館，協修《清史稿》。其中，朱師轍負責
撰寫的《列傳》達170餘篇，館內工作進行到第二期的時候，還曾協助柯劭
忞、王樹枏整理咸豐、同治時的《列傳》，又助夏孫桐修正嘉慶、道光時的
《列傳》。〔註28〕可見，朱師轍於《列傳》用力更多。史館工作結束後，朱
師轍任北平輔仁大學及中國大學教授、故宮博物院專門委員會委員、河南大
學教授。抗戰時，任成都華西大學教授；抗戰勝利後，則先後赴北平輔仁大
學、安徽學院擔任教授一職。1947年，又任廣州中山大學教授。廣州解放前
夕，朱師轍和進步學生一起開展護校鬥爭，確保學校安全。建國後，仍然在
中山大學執教，直至1951年秋退休，選擇定居杭州，爲浙江省政協委員。
朱師轍家富藏書，勤於治學，造詣頗深。其著有《商君書解詁》及《清史述
聞》等。1969年在杭州逝世，享年92歲。〔註29〕

二、體　例

　　1914年，民國政府決定設立清史館，準備撰修《清史》，聘趙爾巽爲館
長，何劭忞、繆荃孫、王樹楠、吳廷燮等入館。他們對編撰凡例進行了討論，
決定以記述清文治武功及總結一朝之成敗得失作爲編撰宗旨。體例上則採用
紀傳體斷代史，「取則《明史》，斷自清代，四部分類，多從《總目》。審例
訂訛，間有異撰，清儒著述，《總目》所載，挹採靡遺，《存目》稍蕪，斟錄

〔註26〕朱師轍：《清史述聞》，上海：上海書店出版社，2009年，第52，287頁。
〔註27〕朱師轍：《清史述聞》，上海：上海書店出版社，2009年，第54頁。
〔註28〕朱師轍：《清史述聞》，上海：上海書店出版社，2009年，第53頁。
〔註29〕安徽省地方志編纂委員會編：《安徽省志·人物志》，北京：方志出版社，1999
　　　年，第955頁。

從愼。」〔註 30〕雖然《清志》決定只著錄一代之著述，但於清代人對前人著述的輯佚，卻另當別論。因爲《清志》的編者認爲清代輯佚「裒纂功深，無殊撰述」〔註 31〕，故仍把清代的輯佚書附載於相應的門類後。《清志》中有些類別有三級目錄，有些則無。子部小說部分，不設三級目錄。其各部類著錄數量如後：經部分爲十類，著錄 2,155 種；史部分爲 16 類，著錄 2,473 種；子部分爲 14 類，著錄 2,371 種；集部分爲五類，著錄 2,634 種。四部著錄書籍共 9,633 種。其中，子部小說著錄 63 種，包括清人著述 45 種，清代輯佚前人小說占 18 種。排序方面，在子部 14 類中居第 12 位，排在釋家與道家之前。歷代正史《藝文志》或《經籍志》皆不撰寫書目提要，然則《漢志》與《隋志》各部類尙有其序，後代史志目錄未能繼承優良傳統，但存其目，各部類小序及書目解題並無。《清志》亦未改善這一點，於書存目而已。

　　吳士鑒、章鈺費時十餘年，終於編纂成《藝文志》。當朱師轍初次見到此稿時，認爲當中頗有値得商榷之處。他就編纂體例、書目分類、收書範圍、脫漏等問題，提出了意見和修改辦法。他調整了體例，把原來經、史、子、集最後一類輯佚之屬刪去，附在有關類目之後，並作了一些刪削合併及增補闕漏的工作，可以說在一定程度上提高了《清志》的質量。但朱師轍沒有徹底地實行他的原則，對《清志》初稿的整理，也只限於修修補補，沒有做太大的修改，因此《清志》中存在的問題還是很多的。〔註 32〕

三、版本流傳：「關內本」「關外本」

　　《清史稿》刊行於 1928 年。清史館最初刻印《清史稿》是由袁金鎧負責，金梁負責辦理具體事務。在刊刻過程中，金梁私自對原稿進行了改動，《清志》亦不能幸免。《清史稿》一書初次刊印 1,100 部，其中 400 部由金梁運往關外出售，清史館僅存 700 部。當這件事被揭發後，清史館有關人員便把存下的 700 部以原稿爲底本進行了一些還原與補救。於是，《清史稿》有了「關內本」與「關外本」兩種版本。後來，關外曾據「關外本」重印過一次，內容略有改動。而《清志》又曾據「關內本」單行排印問世。這樣，《清志》共有四種本子，但實際上只有兩種刻本，即「關內本」及「關外本」。

〔註 30〕章鈺等編：《清史稿藝文志及補編・序》，北京：中華書局，1982 年，第 3 頁。

〔註 31〕章鈺等編：《清史稿藝文志及補編・序》，北京：中華書局，1982 年，第 3 頁。

〔註 32〕章鈺等編：《清史稿藝文志及補編・出版說明》，北京：中華書局，1982 年，第 2～3 頁。

中華書局編輯部於 1982 年出版的《清史稿藝文志及補編》則是根據單行排印本排印的。這個本子的序是由朱師轍撰寫的,「關外本」的序則是由金梁改撰的,兩者之間內容不同。〔註 33〕

四、批評與訂誤

由於《清志》的問題與失誤頗多,故學術界對於《清志》的研究重點,歷來都訴諸於訂正訛謬這方面,研究還未提升到其思想性的層面及細緻到其類別方面。

目錄學家范希曾總結《清志》的各種疏誤,指其有體例之失,斷限之失,墨守史志舊例不知變通之失,不注版本之失。此外,還有各種小失誤,如書名誤、卷數誤、撰人誤,也有一書而重複著錄者,有同書異名誤爲二書者,也有分類之失。然而,《清志》最大的問題,在於脫漏。〔註 34〕范希曾的評論是正確的。當初,《清史稿》由於趙爾巽館長的堅持,匆匆付印,未能修飾「採摭不廣、繁冗重複、疏漏錯謬等問題」〔註 35〕,也留下了許多供後來讀者校勘及訂誤的空間,尤其嚴重脫漏這一點,引發了武作成與王紹曾欲爲之拾遺補缺的想法。由於《清志》的問題繁多,本文僅針對文言小說著錄中存在的問題進行論述,其他的則略去不談,如《清志》有一書二名,作爲二書的情況,但子部小說著錄中沒有這種錯誤則不談。

歷來皆認爲《清志》採摭不廣,所以子部小說著錄甚少。採摭不廣,是《清史稿》中普遍存在的問題。據《清史述聞》,《清史稿》在搜羅史料方面,注意到搜羅各種《實錄》《起居注》、軍機處檔案、各種方略、國史館滿漢臣工傳、內外大臣奏疏、各種官製表、各種書簿及各省方志等文獻。然而,在實際操作上,卻多有阻滯,如軍機處檔案存於國務院秘書廳第一科,史館曾行文索取,但國務院政事堂以辦公需用未允,故不得見。後來,朱師轍由於掌管國務院圖書,與之爲鄰,考述史事,常往借閱,又因被秘書長委任清理舊檔案,故能閱覽,並爲夏孫桐調查鴉片戰爭及剿白蓮教等史事,吳向之亦

〔註 33〕 章鈺等編:《清史稿藝文志及補編・出版說明》,北京:中華書局,1982 年,第 5 頁。

〔註 34〕 章鈺等編:《清史稿藝文志及補編・附錄一》,北京:中華書局,1982 年,第 310～322 頁。

〔註 35〕 陳清泉等編:《中國史學家評傳》,鄭州:中州古籍出版社,1985 年,第 1133～1143 頁。

因朱師轍的緣故能利用秘書廳所藏編撰《清史》各表。然而，朱師轍也透露，該處資料亦有缺落散失，這是由於避諱而遭到刪削的也不少，在軍機處檔案搬遷到故宮博物院之前也被盜竊不少。據此一例可以說明，當時政局紛亂，各執一方，未有能如過去修史志目錄那樣，天子一聲令下，各方配合，四處徵書、採書。《清史稿》編纂中還有散落、盜竊、刪削、損毀的問題。此外，在各省市圖書館方面，除了京師大學堂送來的書目及《江南圖書館目》，餘者多未送達史館。可以說，史館掌握豐富的史料資源的途徑之一就是利用各省、各州、各縣送來的方志書目了。對於《藝文志》的採摭，《清志》除了曾參考《總目》，圖書館藏書目錄如江寧圖書館、京師圖書館諸藏目及盛宣懷《愚齋圖書館藏書目錄》等，也對私家著述的藏書目錄進行採摭，如《佳趣堂書目》《適園藏書志》《嘉業堂藏書志》《鐵琴銅劍樓藏書目錄》《傳本書目》《書目答問》《八千目》等。有關於文言小說這一類別的採摭情況，本文將在下一章作進一步分析。總之《清志》採摭不廣，並非館中諸人見識不廣，辦事能力不足，只因其所處時代的政局不安，人心分離，經費有限，資源不足，不似以往一代史志目錄編纂，能得到朝廷與民間的全國性配合這一有利條件。

上述的政局、人力、物力等因素，也造成了《清史稿》存在許多繁冗重複、疏漏錯謬的問題。《清志》著錄的文言小說部分也不例外。范希曾又指《清志》收書雖爲數不多，但重複細瑣可刪汰的卻很多。〔註36〕舉例言之，清志著錄《山海經訂訛》一卷，《訂訛》實爲一篇文章，附於《山海經箋疏》後，並非專書，亦無單行本，但《清志》就將《訂訛》單獨著錄。關於「脫漏」，范希曾申論道：「夫一代之書，求其一一著錄無遺，本非勢之所可。歷代藝文經籍志，俱選目而非全目。俗陋劣下之書眾矣，焉可盡載。惟不應遺而竟遺者，斯爲脫漏。」〔註37〕舉例言之，《清志》收《浪跡叢談》《續談》，脫漏了《三談》。

《清志》創修於 1914 年，完成於 1927 年，著錄清代著述 9,633 部，138,078卷，比起《明志》著錄明人著述 4,633 部已是倍增。然而，比起清代實際的創作量卻距離尚遠。以子部小說的脫漏論之，明清時代，白話小說成了文學

〔註36〕章鈺等編：《清史稿藝文志及補編・附錄一》，北京：中華書局，1982 年，第
　　　 315 頁。
〔註37〕章鈺等編：《清史稿藝文志及補編・附錄一》，北京：中華書局，1982 年，第
　　　 321 頁。

主流，然而文言小說也仍然在持續發展。明初出現的《剪燈新話》《剪燈餘話》等標誌著文言小說的復蘇。明清易代之際的歷史大震盪，貴族入主中原所激起的社會矛盾加劇，嚴密的文網，致使一批擅長寫文章的士人，在有感於故國之思，又迷惘於前途時，承晚明傳奇小說復興之風尚，運用其才思，開始創作不易觸犯文禁的傳奇小說。而王猷定、魏禧、侯方域、李漁、徐芳、陳鼎、黃周星、王士禎等人，除了撰寫過文集或通俗小說，也都是創作傳奇小說或傳奇色彩較濃的人物傳記的能手。〔註38〕清初一大批文言小說作家的共同努力，將晚明以來已經復興的文言小說，逐漸推向新的高峰，而蒲松齡《聊齋誌異》就是這個巔峰的代表作。〔註39〕就連當時的大學士紀曉嵐也創作文言小說《閱微草堂筆記》，可見文言小說的創作，並不因通俗小說的創作成了主流而有衰退的跡象。可以說，在清代，多種文體及創作題材都達到著述之盛。關於這點，王紹曾的認識頗深，他在《拾遺·前言》中論及清代社會學術文化這一盛況的現象及其原因時，如是闡述：

> 舉凡群經諸子、文字聲韻、歷史輿地、醫學天算、目錄金石、文學藝術，均凌駕前人。清儒又勤於撰述，鴻編巨製，不可勝數，有力者復舉以付諸剞劂，流傳益廣。自道光之初，以迄晚清，泰西石印、影印、鉛印諸法，相繼傳入我國，印刷技藝愈精，昔日窮年累月不獲刊一書，今則化身千百，指日立就。學者既得人手一編，潛心考索，讀書之風愈熾而著述愈富。版本浸多，校讎之學因盛。續學方聞之士多能比勘藝文，掃去魚豕，一意正訛補闕，自來不能通釋之典籍，因之復顯於世。咸同而後，西學東漸，政經技藝新書及西方小說，有如百舸爭流，競相譯述。此誠湘鄉曾氏所謂「書籍之浩浩，著述之多若江海，非一人之腹所能盡飲」。其未刊之稿本、抄本及流失海外者尚不與焉。〔註40〕

這就是為什麼《清志》著述雖近萬種，卻不足以窺探一代著作之盛。而適才論及文言小說的創作，是與其他文學創作的數量同樣在增長中的，而《清志》僅僅著錄了 63 部小說作品，與清代文言小說的實際創作量相對來說，真是差距太大。

〔註38〕吳志達：《中國文言小說史》，濟南：齊魯書社，2005 年，第 723～724 頁。

〔註39〕吳志達：《中國文言小說史》，濟南：齊魯書社，2005 年，第 725 頁。

〔註40〕王紹曾主編：《清史稿藝文志拾遺·前言》，北京：中華書局，2000 年，第 8 頁。

　　此外，范希曾也批評《清志》僅著錄一代著述，而不是一代藏書。本文第一章經已提及《明志》著錄斷代之體，著錄有明一代之著述，其體例實創於宋孝王《關東風俗傳》之《墳籍志》，而《明志》則是第一個將這種體例用在正史中的史志目錄。范希曾認為，當然有的人認為這是由於年代愈後，文獻愈多，古書存者愈眾，《藝文志》不過是史志之一，必須顧慮到所佔比重的平衡，不宜獨增卷帙，因此明、清兩代選擇斷代之體，是可以理解的。然而，范希曾也從另一個角度評價《清志》的體例。他指出，《總目》及焦竑所撰《國史經籍志》皆通記古今，前者失載向眾，已不足據，而後者不能分辨存佚，淆然雜載，與鄭樵《藝文略》同病，然他們皆以通記古今為正體。而《明史》與《清史稿》改易途轍，悟出巧捷之法，僅記當代之著述，評曰：「謂之求輕卷帙固可，謂之畏難亦無不可也。」〔註41〕本文認為，記述斷代之體，以求輕卷帙，不致於厚此薄彼，致力於求一代著述之完備，亦無不同。而記一代藏書，則可看出觀念的變化，一門學術史在不同朝代的發展面貌。

　　總的來說，《清志》的缺失，不在於著錄一代之著述，而在於著錄一代之著述卻不夠完備。特別值得一提的是，《清志》但記一代之著述，卻沒有清晰明確的斷限標準，即明清之際、清季與今代之間的具體收書時限。范希曾認為收書該以時為主，而非以人為主，編纂者須視其書是否成於清興或清末之時，以此定去取。無論是明遺民、清黨人，或是太平天國的人，只要他們的著述作於有清一代 268 年間的，則該予以收錄。而那些清室遺臣所著之書，成於清亡以後，則不該甄錄。至於書成於明末，而《明志》失載的，《清志》則可放寬標準，採納收錄，以彌補前代史志之闕漏。然而，觀《清志》所錄之書，有清人所著但成書在民國的，而那些成書在清亡以前的，卻反而失錄，如康有為的書，無一著錄，王闓運、繆荃孫等的書，亦只收一部。〔註42〕加上大量脫漏，實在難以分辨清楚《清志》的斷限標準究竟是以人為主，又或是以時為主。

　　另外，《清志》亦有不著錄版本的問題。范希曾認為歷來史志目錄不注版本，其著錄之書，已刊未刊，及稿本、傳抄本之存於哪裏，皆無從考見，向

〔註41〕章鈺等編：《清史稿藝文志及補編‧附錄一》，北京：中華書局，1982 年，第312 頁。

〔註42〕章鈺等編：《清史稿藝文志及補編‧附錄一》，北京：中華書局，1982 年，第314 頁。

來只存其目，其實際效用有限。這是歷來撰史志者共有的通病。當然，這個批評是特別針對有清以來的補撰諸史《藝文志》而提出的。唐以前的書籍文獻，國有專藏，大抵皆是寫本，不用分別論之；然而宋、明之時，印刷業已經蓬勃發展，傳本易考，而當時的著錄家，未開注版本之風氣，清初猶然。因此，當時的史志目錄不注版本，尚情有可原。然而，有清一代目錄、版本之學已經頗為發達，卻仍然不思改進，竟對注釋版本一舉毫無意識，是以范希曾深怪之。〔註43〕的確，章鈺精於目錄之學，且校書至為精密，可見版本學亦其所擅長，何以不予每書之下注其版本，難道果真如范希曾懷疑的，章鈺也如《清史稿》的編纂者般避難趨易？視其才學、勤奮與專著，又豈會是避難趨易之人，筆者亦不相信章鈺作為一個細心、精密的版本、校勘學專家，會沒意識到這一點，相信這很可能是館內上下對於編寫體例、版本方面未能商榷、定論所致。當然，我們無法確知到底章鈺在《藝文志》的編纂上擁有多少話語權，能掌握多大的權限。

考察《清志》子部小說的著錄，可以發現《清志》的收書標準亦顯得狹隘。一代史志目錄的編纂，應當足以凸顯一代學術文化特色。《清志》成功反映了有清一代的學術文化特色嗎？除了注意到增收輯佚書方面，《清志》對於很多書，如西洋教士之書、翻譯著作、通俗小說、外國撰述，最終都沒有在目錄內調整或增設類目，而是直接選擇棄錄，以至於大量寶貴的文獻脫漏。章鈺在寫給繆荃孫的信中，清楚提到自己徵引了盛宣懷的《愚齋目》。《愚齋目》裏頭著錄了清代時期日本人撰寫的漢語文言小說，即南郭服元喬《大東世語》5 卷、角田簡《近世叢語》8 卷、魚門老人《大阪繁昌記》等著作，但《清志》子部小說卻未見著錄。顯然，章鈺見而不錄，相對盛宣懷收錄域外漢籍文獻於其書目中，兩者之間識見之高下，一目了然。另外，《清志》也因為據守舊見，沒有把通俗小說錄入《清志》中。說部傳奇的創作在清代達到鼎盛，尤其是通俗小說的創作，私家目錄一向都有收錄，然而在正史中的《藝文志》或《經籍志》裏，卻不予著錄。過去明人王圻將《水滸傳》收錄在《續文獻通考‧經籍志》中，被稗史所譏，四庫館臣亦同譏之，《清志》也囿於傳統的偏見，不收錄這類小說，范希曾反倒認為王圻有見識。〔註44〕

〔註43〕章鈺等編：《清史稿藝文志及補編‧附錄一》，北京：中華書局，1982 年，第312 頁。

〔註44〕章鈺等編：《清史稿藝文志及補編‧附錄一》，北京：中華書局，1982 年，第314 頁。

蟫舟亦認爲小說、戲曲、純文學作品，在有清一代文學界佔了重要地位。《紅樓夢》《儒林外史》《鏡花緣》等書，家喻戶曉，怎能不收錄？又曰《聊齋誌異》價值當在《堅瓠集》《閱微草堂筆記》之上，爲何獨收錄後兩種卻不著錄《聊齋誌異》呢？曾有人建議說，章回小說雖然與《山海經》與《穆天子傳》不同，但爲權宜計，還是把這類小說一併收錄，但朱師轍對此毫無考慮，既不爲其別立部居，又不與《山海經》及《穆天子傳》歸入同類，一概抹殺，是其偏見。蟫舟認爲編纂一代史志目錄，當因時制宜，昔日風氣未開，觀念各異。然《清志》編纂者卻墨守陳規，依然將小說與戲曲類的文獻摒棄在外，〔註45〕便是《清志》之失。考察清代私家目錄，較爲廣泛收錄清代通俗小說的書目，當屬李慈銘的《越縵堂記》了，李慈銘的處理方法是將通俗小說一併歸入歷來僅收文言小說的子部小說裏。

　　朱師轍在《清史述聞序》中憶述，《清史稿》編纂曆時 15 年而告成，參與編纂的人員，到館參與商量其事的，大概有 70 人；而未撰稿，或撰稿而未用者，也佔了一部分，且尚有在館甚久，但只知悉撰稿過程的小部分人，眞正由始至終，徹頭徹尾瞭解史館編纂情形的人並不多。可以說，《清史稿》惟夏孫桐經手最多，出力最多。〔註46〕然而，《清史稿》仍然缺乏一個可以綜覈其事，提綱挈領的人。若史館編纂工作能分配得宜，分組負責，勾勒清晰的綱目，次序不亂，事實相貫，縱有缺失，亦必可觀，不至於如此遭人詬病。朱師轍又指趙爾巽館長雖能辦事，然而學術著書，本非其所長，倘若能用人得當，亦可成事，意指趙爾巽未能知人善任。朱師轍對史館的運作及資源的安排，頗有自己的見地。他認爲聘請總纂、協修，不可以名位虛聲之高下爲衡量標準，而應以有學術文章，能通史例者爲上選，以有文采兼能潛心撰述者爲次。〔註47〕由是觀之，《清史稿》的內部缺乏有機的緊密的邏輯關聯和整體審視。

第二節　《補編》及其類屬子部小說著錄特點

　　《補編》作爲補史《藝文志》，貢獻良多。很可惜的是，《補編》的成書

〔註45〕章鈺等編：《清史稿藝文志及補編·附錄二》，北京：中華書局，1982 年，第330～331 頁。

〔註46〕朱師轍：《清史述聞》，上海：上海書店出版社，2009 年，第 6 頁。

〔註47〕朱師轍：《清史述聞》，上海：上海書店出版社，2009 年，第38～39 頁。

經過、作者發凡起例之處，文獻闕如，故本文僅對其編纂情況略作介紹。

一、編纂者

　　《補編》爲今人武作成獨立撰成，成書於 20 世紀 50 年代。1955 年至 1959 年間，商務印書館編印《十史藝文經籍志》，以《清史稿藝文志及補編》爲殿，並打成紙質本，但卻未能刊印。後來，商務印書館將紙質本轉贈中華書局。遲至 1982 年中華書局才將《補編》與《清志》合訂出版。關於武作成之生平及學術背景，可考者甚少。唯一的線索是武作成編纂此書時，爲中國科學院圖書館的一員。1985 年出版了《中國科學院圖書情報工作三十五年（1949～1983）》一書，該書提到 1958 年 1 月 17 日中國科學院圖書館舉辦了第四次常務會議，武作成爲《圖書館通訊》編委會成員之一。〔註 48〕1958 年正是《補編》成書之時。當時武作成作爲館內成員之一，因利之便，借用館內書目撰成《補編》是很有可能的。

二、體例之沿革

　　爲了彌補《清志》的脫漏，武作成獨立完成《補編》，對《清志》四部書一共增補了 10,438 種，其中經部著錄了 1,267 種，史部著錄了 3,442 種，子部著錄了 1,835 種，集部則增錄了 3,894 種。位於子部的筆記小說位列子部 14 類中的第 12 位，增錄了 52 種，占子部著錄的 0.03%，可見武作成對文言小說的重視度不夠。武作成在體例上基本上遵循《清志》舊例，但也作出了一些調整。比如在子部小說家類，增錄了三級目錄，分爲筆記、章回演義及彈詞，三者相加共著錄 257 部。由此觀之，武作成顯然對《清志》未有收錄通俗小說之舉，不太苟同。因此，在編纂《補編》時，考慮到通俗小說、彈詞在清代的學術文化史上佔據重要地位，因此作了補錄，並且在章回演義小說方面的收書數量還大於筆記小說。且不論《補編》將這三類同歸入子部小說是否恰當，這種增補及改變，確實是對傳統史志目錄的一次大膽的革新，亦足見其重視、肯定清代的民間說唱文學與通俗小說創作的傾向。另一方面，《補編》雖按四部分類，但每類之中卻沒有按照傳統目錄學的做法，依作者年代先後排序，而是按照作者的姓氏筆劃排序，這又似乎有倒退之嫌。

〔註48〕《中國科學院圖書情報工作三十五年》編委會編：《中國科學院圖書情報工作三十五年（1949～1983）》，上冊，北京：中國科學院出版圖書情報委員會、中國科學院圖書館，1985 年，第 262 頁。

三、批評與訂誤

　　武作成在對《清志》進行增補之時，並沒有改善《清志》原有的問題，如脫漏、重複著錄等問題。中華書局編輯部認為《補編》重出的現象比較嚴重。據統計，本編內重出的達 30 餘處；而與《清志》重出的現象，則有 170 餘處。〔註49〕《補編》原來增錄 10,438 種著述，比《清志》著錄的 9,633 部著述，多出 805 部，但若除去重複著錄者，《補編》的收書量大體相等於《清志》的收書量，可見其重出問題的確嚴重。只是，在子部筆記小說類的著錄部分，沒有於本編內重出的現象，與《清志》重出的，也只有一部小說，即王初桐的《奩史》100 卷。當然，疏漏方面的問題也有。原來《清志》就漏收了梁章鉅的《浪跡三談》，而武作成編纂《補編》時候，仍然疏漏、失錄。何況，武作成為今人，在收書標準上，應該比《清志》更為寬泛、客觀，且武作成編纂《補編》時，國家承太平之世，徵書該容易得多，但補入的小說卻非常少，可以說武作成並非太重視清代的文言小說。

第三節　《拾遺》及其類屬子部小說著錄特點

　　《拾遺》為《清志》的補志之作，所耗心力，卻比《清志》多。「三志」中，亦以研究批評《拾遺》的文章最多。可以說，歷來學界對《清志》多所貶抑，對《拾遺》卻極為推崇。接下來，本文將介紹《拾遺》的主稿者王紹曾及其編纂《拾遺》的動機、體例，探討學界對於《拾遺》的批評。

一、編纂者及其補撰動機

　　王紹曾〔註50〕，字介人，清宣統二年（1910 年）生於江蘇江陰一個農村窮知識分子家庭，小時候受過嚴格的私塾教育，打下了良好的國學根底。1927年成功考入無錫國學專修學校，從唐蔚芝、錢基博兩先生遊，其畢業論文《目錄學分類論》多達五萬言，受到當時的導師錢基博的激賞。錢基博曾在學生

〔註49〕　章鈺等編：《清史稿藝文志及補編‧出版說明》，北京：中華書局，1982 年，第 5 頁。

〔註50〕　關於王紹增的生平的撰寫資料來源於杜澤遜：《世紀學人王紹曾》，《光明日報》，2002 年 11 月 28 日；杜澤遜：《王紹曾先生與目錄版本學研究》，《文史哲》，2011 年第 5 期，第 58～59 頁；王承略：《恩師王紹曾——王紹曾先生的生平與學術》，《山東圖書館季刊》，2007 年第 3 期，第 1～5 頁。

俞振眉的畢業論文上寫道:「吾自講學大江南北以來,得三人焉:於目錄學得王生紹曾,於《文史通義》得陶生存煦,於韓愈文得俞生振眉。」﹝註 51﹞可見,王紹曾尤精於目錄之學,爲錢基博之得意門生。後來,王紹曾也不負眾望,成爲了著名的古文獻學家。

1930 年國專畢業後,王紹曾經由國專校長唐文治的介紹,進入著名的文化出版機構商務印書館工作,從事編輯一職。期間,曾協助張元濟校勘《百衲本二十四史》,在版本校勘學方面受到張元濟的器重與影響。1932 年,「一·二八」事變,商務印書館被毀,王紹曾便回母校無錫國專任圖書館主任。在此期間,陸續發表了學術論文,其中最具代表性的,莫過於《二十四史版本沿革考》及《史通引書考初稿緒論》。1935 年,任江陰尚仁中學校長。1937 年抗戰爆發後,還入行報界,主編《新寧遠》月刊,對開拓西南邊疆文化作出了貢獻。建國後,大約在 1960 年,王紹曾先生考上山東大學中文系高亨先生的函授研究生,當時王紹曾已經年介五十。1963 年,又經高亨推薦,來到了山東大學圖書館古籍部工作。爾後因爲文革,使王紹曾的學術研究一度停頓,這一停滯,就長達了 13 年之久。1979 年,王紹曾重新開始進行學術研究,卻患了結腸癌。1981 年進行手術並化療長達三個月。此後,他發表了《十八世紀我國著名目錄學家周永年的生平及其主要成就》及《胡適校勘學方法論的再評價》等論文,並開始著手撰寫《近代出版家張元濟》一書。從上述諸事可見,王紹曾醉心於學術研究,並足見其非凡的毅力與耐力,無怪乎其能編纂成《拾遺》這麼一部信息量豐富、規模浩大的目錄學專著。1983 年,王紹曾赴山東大學擔任古籍所教授、文史哲研究教授。

同年,王紹曾組織朋友及學生著手編纂《清史稿藝文志拾遺》,該書後被列入國家教委全國高校古委會資助項目、國務院古籍整理出版規劃小組《中國古籍整理出版十年規劃和八五計劃》項目。後來,《拾遺》一書,也獲得了國家教育部第三屆人文社科優秀成果一等獎。在編纂《拾遺》的過程中,王紹曾也將其對目錄、版本學的識見,發揮到《拾遺》的編纂體例上,對其所著錄的清人著述一一加注版本及書目來源,有歧異處,則詳加考辨,足見其目錄與版本學之精密。其實,王紹曾一直致力於大型古籍整理的工程,他在1987 年期間給中華書局綜合編輯室主任馮惠民寫信,提到清代乾隆以後的清

﹝註51﹞ 杜澤遜:《王紹曾先生與目錄版本學研究》,《文史哲》,2011 年第 5 期,第 58 頁。

人著作，國內很難搜求，建議續修《總目》，將四庫失錄的元明人著述、四庫館臣禁燬的書目中，選出三四千種書，分批影印。如今，《續修四庫全書》能夠成功出版，與王紹曾開始的倡導與動議不無關係，應記上一功。

王紹曾一生致力於目錄、版本及校勘之學。尤其在王紹曾年逾古稀之時，學術生涯達到了巔峰。杜澤遜曾如此評價王紹曾：「先生每天早起晚睡，匆匆行走於圖書館、古籍所和寓所之間，風雨無阻，不間寒暑，其間出版的成果有《近代出版家張元濟》《山東文獻書目》《山東藏書家史略》（與沙嘉孫合作）、《中國文化史知識叢書》（30 種，主編）、《訂補海源閣書目五種》（與崔國光等合作）、《漁洋讀書記》（與杜澤遜合輯）、《清史稿藝文志拾遺》、《百衲本二十四史校勘記》（主持整理）、《目錄版本校勘學論集》等。通過這些成果，我們可以想像，在 70 歲以後到 90 多歲的 20 餘年間，一位老學者是如何為學術奮鬥的。這樣的學者並不多見。」〔註 52〕這樣一個不可多得的學者，2007 年於濟南去世。他的年壽雖然停止了，然而其學術生命卻因其著述流傳不朽，留給後世極為有價值的文獻學著作。《拾遺》就是其中一部。

王紹曾對目錄、版本學尤為擅長，對於《清志》及《補編》存在的問題，有著深刻的認識。王紹曾批評《清史稿》的作者「心懷苟且，書成倉卒」〔註 53〕，因此疏略太多，雖有後人從事增補，掛漏仍繁；又念《清志》為全史《藝文志》之最後一種，自己閱讀時感覺多所脫漏，因此常「思拾遺補闕，俾一代藝文有所考覽。」〔註 54〕至於《補編》，亦正如胡靜道所評，「補而未備，所失者多，是以學術文化界有文獻不足之歎」〔註 55〕，於是王紹曾率領眾朋友學生搜訪海內外公私名簿，採錄殆遍。顧廷龍曰：「史志目錄以《清志》最後出，登錄清人著述九千餘種，可謂夥頤沉沉。唯清代學術文化盛極一時，著述之豐，遠邁前修，而宏篇大作未見著錄者難以悉數。五十年代，武作成先生作《清史稿藝文志補編》，增益逾萬種，用力不可謂不勤。但揆以清人著述，仍相去甚遠。吾人慾窺清代著述之全貌，並進而窮清代學術文化之流變，則尚有待焉。」〔註 56〕《拾遺》就是在這樣的前提

〔註 52〕杜澤遜：《王紹曾先生與目錄版本學研究》，《文史哲》，2011 年第 5 期，第 58 頁。
〔註 53〕王紹曾主編：《清史稿藝文志拾遺・王序》，北京：中華書局，2000 年，第 4 頁。
〔註 54〕王紹曾主編：《清史稿藝文志拾遺・前言》，北京：中華書局，2000 年，第 21 頁。
〔註 55〕王紹曾主編：《清史稿藝文志拾遺・前言》，北京：中華書局，2000 年，第 6 頁。
〔註 56〕王紹曾主編：《清史稿藝文志拾遺・顧序》，北京：中華書局，2000 年，第 1 頁。

下產生的。王紹曾在編纂《拾遺》時，也常向顧廷龍討教商量編例及徵引書目等問題。此外，他還得到了杜澤遜、劉心明、王承略等人的幫助。《拾遺》順利問世，其書共收錄了《清志》及《補編》所未收之書達 54,000 餘種，大概是《清志》著錄數量的 5 倍。

二、體例之沿革與創新

《拾遺》共著錄 54,880 部清人著述，375,710 卷，其中不分卷者 755 部，可以說是煌煌巨作。該書之所以能順利編成，程千帆先生在《序》中闡明這與「時值右文，得道多助」〔註57〕有關，也與王紹曾「好古敏求，鍥而不捨」〔註58〕的編纂態度有關。

《拾遺》在《清志》的基礎上做了許多調整，由四部改爲五部，增設叢書部於集部之後；有輯佚書的於每類之後增設「輯佚之屬」。政書類、傳記類有關於外國的部分則增設「域外之屬」。子部共著錄 16 家，依次爲總類、儒家、道家、兵家、法家、農家、醫家、天文算法、術數、藝術、譜錄、雜家、類書、小說家、宗教、新學。小說家排在第 13 位，共收 459 部小說。小說家依然位次靠後，排在宗教與新學前。筆記小說仍歸此類。原來《補編》中子部小說所附通俗小說，歸入集部另外增設的小說類，集部小說又設三級目錄，收錄類編、創作類及翻譯類的通俗小說，共計 1303 部。王紹曾又考慮到清代著述中已有不少的小說評論專著出現，尤其關於《紅樓夢》的小說批評，故在集部的文評類又增設三級目錄收小說評之屬的著作。可以說，清代的小說至此經由一代史志目錄得窺其全貌。這是王紹曾在小說目錄學上作出的一大創舉與貢獻。

上文提及以往史志目錄都不著錄版本，王紹曾對此頗爲惋惜，他指出：「不有版本，其書之或存或亡，已刊未刊，稿本抄本，現存何許，均將無從稽考。且乾嘉而還，版本之學，已以附庸蔚爲大國，私家藏書簿錄記注版本者無慮數十家，章式之出入於吾鄉繆藝風之門，以後學自居，編纂《清志》，時有請益，豈有不知版刻之重要。奈章氏忽之於前，朱少濱亦不加措意。」〔註 59〕

〔註57〕王紹曾主編：《清史稿藝文志拾遺・程千帆序》，北京：中華書局，2000 年，第 3 頁。
〔註58〕王紹曾主編：《清史稿藝文志拾遺・程千帆序》，北京：中華書局，2000 年，第 3 頁。
〔註59〕王紹曾主編：《清史稿藝文志拾遺・前言》，北京：中華書局，2000 年，第 10 頁。

故下定決心編纂《拾遺》時，亦於每書之下注釋其版本，從而開創了史志目錄著錄版本之先河。

而在書目著錄方式上，也發凡起例，各書都同樣先書名，次卷數，次著者，次版本，次書目來源。若是同書異名，則在書名下用圓括弧加注「一名某某」。同一種書各書目著錄書名、卷數、著者有歧異時，一概用圓括弧注明。而明顯錯誤的，即予訂正並加以注明。書目來源，概用簡稱。至於著者，一概按作者本名著錄，如原書題字號、別號、齋室名，但有本名可考者，則改題本名；無從考知其本名者，則按原文獻著錄方式著錄。若一書不著撰人，則以《中國古籍善本書目》例爲標準，不著錄「佚名撰」。在各部類書目排序方面，除史部傳記類別傳、年譜按傳主譜主時代排列，族譜按姓氏筆劃排列，集部彈詞鼓詞類、寶卷類按書名首字筆劃排列外，其餘皆以著者年代先後爲序。無從稽考者，則按原書目先後次序排列，或附於各類末尾。若作者爲明清之際易代之人物，凡明末清初人，《明志》未見著錄者，《拾遺》悉皆收錄；而清末民初人著作，成書雖在民國，爲免割裂，亦予收錄。在著者記錄方面，王紹曾也提到頗有難以處理的問題，一是定生活時代難，二是區分同姓名難。因爲有數以萬計的清代文人皆不見著錄於《中國人名大辭典》《清史稿‧列傳》《清史列傳》《碑傳集》等大型的傳記資料。因此得擴大檢閱範圍，如搜索《明清進士題名碑錄索引》《歷代人物年里碑傳綜表》《中國美術家大辭典》《明清江蘇文人年表》等，當然更多的則是檢閱地方志。如此，大部分人物的生活年代方能確定。而同姓名的人物爲數不少，卻又不見於《古今同姓名大辭典》，因此《拾遺》的工作團隊也花了許多時間在查找人物的籍貫、字、號、室名齋號及活動年代等，以此區分鑒別那些同姓名的人。〔註60〕

制定一套清晰標準的體例，並嚴格執行，將會減少許多不必要的錯誤疏漏。《拾遺》在編纂體例上，清晰明確，較《清志》及《補編》，又跨前一步。

三、批評與訂誤

雖然學界對《拾遺》普遍給予高度讚揚，如杜澤遜評其「在取材豐富、規模浩大和體例完善方面都達到空前的新高度」〔註61〕，又指歷來史志目錄

〔註60〕王紹曾主編：《清史稿藝文志拾遺‧後記》，北京：中華書局，2000年，第2557～2558頁。
〔註61〕杜澤遜：《史志目錄的回顧與前瞻：編纂〈清人著述總目〉的啓示》，《文史哲》，2008年第4期，第69頁。

中，「網羅宏富、體力完善，無逾於《拾遺》者」〔註62〕；陳豔華等則撰文總結《拾遺》的三大特點和貢獻，引顧廷龍序言其著作編纂能「以類相從，釐然有緒」「各注版本，兼明出處」〔註63〕及釐清有清一代的學術概貌，為清史研究鋪路架橋，又指《拾遺》是打開清史研究的一把鑰匙，因為他為清代及清末民初的學術文化變遷的研究者提供了目錄版本學上的基礎保障。〔註64〕當然，亦有文章指出其不足之處，如湯華泉、鍾少華就曾撰文評其收書問題及分類問題。總結學界對《拾遺》一書的褒貶評價，歷來對於《拾遺》的批評，都集中在注釋版本、收書範圍及分類問題上。本文將逐一論述、評析。

上文提及《拾遺》在體例上的創新，莫過於在每書之下注其版本與出處，大大提高了文獻的實用性。如子部文言小說的著錄，除了注明其版本，也記錄了該書原見於哪一種書目。這樣，不僅讓讀者知道文言小說的收錄一般能見於何種書目，給讀者提供了很大的材料搜索及研究使用之便，也從中揭示了讀書門徑。當讀者一一檢閱文言小說的著錄，便會知道《香豔叢書》《檀几叢書》及《申報館叢書餘集》原來涉及多篇文言小說，一書若見於超過一種書目，《拾遺》也一一著錄，讀者能從中瞭解到一本書或一門學科的版本流傳、收藏情況，並進一步推究其因。

《拾遺》全書分為五個部分，即經、史、子、集、叢書五部。史志目錄中，《漢志》採用六略分法，至《隋志》時則用四部分類法。以後的史志目錄大致上沿用這個圖書分類方法。到了王紹曾編纂《拾遺》之時，卻不得不在分類體系上仔細琢磨。有清一代有別於前朝，當時適逢西學知識湧入，現有的四部分類法無法涵蓋清朝時期著述的全部內容。於是，王紹曾作出了一些調整，即在子部裏增加新學類，收錄西學知識與新學術體系的書籍，如哲學、政治學、經濟、教育、語文、生物學、化學等。而在清代時期極為盛行的通俗小說，則被歸入集部，另作一類。《拾遺》對於圖書的分類，可以說是經過仔細考慮的。

對此，鍾少華曾在《中華讀書報》撰文表示質疑，他認為這種分類法給人一種倒退至 20 世紀初的感覺。他提出以下種種質疑：「新學就是這 13 類？

〔註62〕杜澤遜：《王紹曾先生與目錄版本學研究》，《文史哲》，2011 年第 5 期，第 58 頁。
〔註63〕陳豔華，趙慶禹，陳瑩：《〈清史稿藝文志拾遺〉——有清一代著述目錄之總結》，《圖書情報工作》，2005 年增刊，第 32～33 頁。
〔註64〕陳豔華，趙慶禹，陳瑩：《〈清史稿藝文志拾遺〉——有清一代著述目錄之總結》，《圖書情報工作》，2005 年增刊，第 32～33 頁。

（案：新學類歸在子部 14 類中的第 13 家）這 13 類外就是舊學？清代新學圖
書全部是多少本？工具書歸在哪兒？」〔註 65〕鍾少華認為《拾遺》該以《中
圖法》為參考方針，按圖書主題加以分類，和世界接軌。同一期的《中華讀
書報》，一併刊登了王紹曾的回應。王紹曾認為「四部分類法」或者說「五部
分類法」（加上「叢書部」）固然有其缺點，但就目前的情況來看，還沒有哪
種分類法更適合為中國古籍分類，鍾少華建議的《中圖法》並不適合中國古
籍的分類。王紹曾列舉種種書目，如《中國古籍善本書目》《北京圖書館古籍
善本書目》《北京大學圖書館藏古籍善本書目》《中國叢書綜錄》《中國叢書廣
錄》等依然採用四部分類法為中國古籍分類；臺灣《中央圖書館善本書目》、
臺灣《故宮博物院善本舊籍總目》、美國《哈佛大學哈佛燕京圖書館中文善本
書志》、法蘭西學院漢學研究所藏《漢籍善本書目提要》、日本《京都大學人
文科學研究所漢籍目錄》等等，也都是採用四部分類法。因此，這不是一種
倒退的做法，也不存在與海外接軌的困難。王紹曾認為，在決定用哪一種分
類法時候，應該從中國古籍的實際出發，如果說要與國際接軌，也是國外考
慮如何與中國接軌，因為中國古籍的權威專家主要還是在中國。當然，無可
否認的是，近幾十年間，的確有一些圖書館改用《中圖法》或其他新分類法
為古籍分類，但目前的大趨勢是：新書用《中圖法》，中國古籍用四部法，各
行其是。而王紹曾表示他之所以採用經、史、子、集、叢五部分類法，是基
於現實的考慮。清代雖然傳入許多西書，但就所佔比例而言，不過是占傳統
內容和形式的 5%，在分類上自然是向主體靠攏。〔註 66〕

　　本文認為，古籍分類更適合採用四部分類法。《中圖法》基本上分為 22
個大類，以學科性質作為標準，如軍事、經濟、文學、藝術、自然科學、語
言及文字、歷史與地理等一級類目。《中圖法》將古今融合在一起，自有其可
取之處。但若以中國古籍的情況而言，卻不一定可行。中國古籍的實際情況
比《中圖法》的學科性質種類複雜得多，比如經部、子部，就比史部及集部
更難劃分、歸類，一部書往往同時涵蓋文化、教育、歷史，這種情況在子部
雜家類及小說家類尤多。古人的撰述，不似現代人的著作，學科性質分明，
很難套用《中圖法》。況且，著錄一代著述的史志目錄，自是以還原當時學術
體系及學術觀念為主，若按照今人觀念，比如將《四書》歸類在哲學類，也

〔註 65〕 鍾少華：《為〈清史稿藝文志拾遺〉獻芹》，《中華讀書報》，2002-08-28。
〔註 66〕 鍾少華：《為〈清史稿藝文志拾遺〉獻芹》，《中華讀書報》，2002-08-28。

顯得不倫不類。特別是《拾遺》作為《清志》的補遺著作，如果棄四部分類法而改用中圖法，恐怕會產生割裂，分類框架可以微調，卻不適宜作大刀闊斧的改革。

在類目上，《拾遺》也進行了相應的調整。清朝時期西學東漸，產生了一大批正經技藝的新書，又有翻譯著作，種類繁多。對於這些變化，《清志》的編纂者亦是深知，卻抱守殘缺，深閉固拒，據守舊例，而不作出改變。《拾遺》則不然。在傳統目錄中道教作品常附於道家類，使道家、道教易於混淆。《拾遺》則增設宗教類，將道教列入其中，與佛教、清代傳入中國的耶教（基督教）、回教並列。子部小說也作了相應的調整。《拾遺》的作者考慮到通俗小說在有清一代尤其是清朝末年的盛行及翻譯小說的產生，故仿傚《西諦書目》《中國古籍善本書目》例，把通俗小說、翻譯小說歸入集部增設的小說類，與子部小說專收文言小說區別開來。同時，又在集部中設文評類，將有關通俗小說的評論專著列入此類中，在二級目錄上也作了相應的調整。如此以來，讀者能大略窺探有清一代的小說全貌，也能看到子部小說與集部小說在傳統史志目錄上的變革與創新。在著錄內容上，《拾遺》突破了傳統觀念，將那些歷來被歷代傳統目錄著作特別是史志目錄中摒棄的世俗文化如小說、戲曲、傳奇、俗曲、彈詞、鼓詞、寶卷等悉皆收錄，如此讀者才能從《拾遺》裏看到一個較為客觀、較為完整的清代文化格局。《清志》編纂者囿於傳統觀念，僅收筆記小說；《補編》雖然注意到了收錄清代的通俗文化作品，卻也囿於《清志》體例，只在子部小說類增收章回演義、彈詞一類作品，其他如鼓詞、寶卷，則付諸闕如；而《拾遺》則勇於破舊革新，大大拓寬了史志目錄的收錄範圍。〔註67〕

在收書範圍方面，王紹曾批評《清志》僅以存書為限，認為收書不能侷限在目見，而應對一代著述典籍網羅無遺，並考查海外文獻。然而，湯華泉認為王紹曾雖提出理論，但仍然遺漏了大量可供考查及徵引的書目文獻。《拾遺》雖然是從目錄來了解《清志》漏收的情況，但湯華泉指《拾遺》對公藏目錄的徵引卻不多。以國內而言，該書徵引山東、江蘇較多，其他都嚴重缺乏；香港、澳門、臺灣三地文獻又以臺灣較全，其所徵引的臺灣公私目錄，以彭國棟的《重修清史藝文志》為主，港澳文獻目錄皆付之闕如。國外除了

〔註67〕黃愛平：《拾遺補缺，嘉惠學林——〈清史稿藝文志拾遺〉讀後》，《清史研究》，2003 年第 2 期，第 121 頁。

徵引日本目錄的三、四種，加拿大一種、法國一種，其他皆無。湯華泉指自己曾協助審訂過一位過世的老先生的古籍收藏書目，發現其中有 70 餘種乃《清志》及《拾遺》皆未有著錄的。因此，以古籍爲對象的私人藏書家及海外私人漢籍收藏家的書目也應該注意訪求。〔註 68〕又指出在《拾遺》撰寫期間及以前就已經編出而《拾遺》未能搜集、徵引的，大略有首都圖書館、山西省圖書館、廣東中山圖書館、南開大學圖書館、天津師範大學圖書館、上海第一師範學院圖書館、江西省博物館、青島市圖書館、溫州市圖書館、黃山市博物館諸館藏書目。國外已編公藏總目或善本書目的，美國有國會圖書館、普林斯頓大學東方圖書館、聖約翰大學圖書館、哥倫比亞大學東亞圖書館，日本有國會圖書館、內閣文庫、宮內省圖書僚、東北大學、早稻田大學圖書館。

　　除此之外，湯華泉也論及清代至現代的私人藏書目錄多達一千種，且多數都是著錄版本的，《拾遺》徵引的私人藏書目僅有十數種，可見《拾遺》徵引的書目漏收情況嚴重，特別是晚清以來的目錄所收的書都可以證明其書曾經流傳並大多存在，更應該注意收採。〔註 69〕在這些目錄中，收載清人著述較多的書目而《拾遺》未徵引的有《天津市人民圖書館明清兩代文集目錄》《吉林市圖書館藏中國古典文學書籍參考書》《旅大市圖書館藏中國古典文學參考目錄》《雲南省圖書館藏集部書目》《湖南圖書館藏中國古籍集部目錄》《日本現存清人文集目錄》（日本西村元照編）《中國通俗小說總目提要》《清末民初小說目錄》（日本樽本照雄編）《中國戲曲總目彙編》等。〔註 70〕由東方事業委員會編撰的《續修四庫全書提要》也是一部著錄清人著述較多的目錄書，多達三萬餘種，其原稿藏科學院圖書館，然而《拾遺》徵引的是臺灣印本和經部油印本，僅占原書的三分之一，未能利用全目，也是其可惜之處。〔註 71〕其實，《拾遺》徵引的書目多達 285 種，已經不少，但王紹曾在《序》中亦坦

〔註 68〕　湯華泉：《〈清史稿藝文志拾遺〉的成就與不足》，《安徽大學學報》（哲學社會科學版），2004 年第 2 期，第 28～29 頁。
〔註 69〕　湯華泉：《〈清史稿藝文志拾遺〉的成就與不足》，《安徽大學學報》（哲學社會科學版），2004 年第 2 期，第 29 頁。
〔註 70〕　湯華泉：《〈清史稿藝文志拾遺〉的成就與不足》，《安徽大學學報》（哲學社會科學版），2004 年第 2 期，第 29 頁。
〔註 71〕　湯華泉：《〈清史稿藝文志拾遺〉的成就與不足》，《安徽大學學報》（哲學社會科學版），2004 年第 2 期，第 29 頁。

言未見書目尚多，應該認識到《拾遺》在《清志》及《補編》的基礎上，已經耗費了很大的工夫，補入了許多清人著述，居功不小，然而湯華泉對《拾遺》的批評確有其建樹，對後世有志對「三志」拾遺補缺的作者而言，是一個很好的借鑒與啓發。後來學者有志於在「三志」的基礎上進一步拾遺補缺，重編《清史》之《藝文志》的，不能不注意湯華泉提出的問題。

當然，這種漏收情況也出現在《拾遺》子部文言小說中。若後來者有意進一步拾遺補缺者，不得不注意搜索域外漢籍所存文言小說。《拾遺》雖然徵引了幾種外國目錄，如《日本東京所見小說書目附大連所見中國小說書目》及《倫敦所見中國小說書目》，但這兩種目錄所收皆爲通俗小說。而對於韓國、越南、日本等國的館藏目錄所收的漢文言小說，卻無一收錄。目前，域外漢籍研究已成爲學術界的研究熱點。「《國學寶典》數據庫」就收錄了《越南漢文小說叢刊》，韓國也有許多關於在韓國所見中國古代小說史料的研究陸續出版。2011 年，武漢大學陳文新與閔寬東就合著出版《韓國所見中國古代小說史料》，該書附編了幾項珍貴的目錄學史料，即傳入韓國的中國古代小說書目（總目錄、傳入年代圖表）、韓國所藏或文獻記錄所見中國古代小說書目、韓國所見中國古代小說翻譯（翻案）書目及韓國所見中國古代小說出版書目。舉例而言，韓國首爾大學奎章閣所藏王露的《無稽讕語》（清刻本）、陳球的《燕山外史》（光緒五年冬鐫注釋本）及吳荊園的《挑燈新錄》（同治二年重刻本，本堂藏板），「三志」無一著錄。結合中國本土及域外漢籍目錄或館藏的文言小說著錄，更能還原中國文言小說的全貌及瞭解中國文言小說在國內外的傳播與接受情況。《清志》與《補編》脫漏嚴重，清人著述量又龐大，《拾遺》工作團隊畢竟精力有限，能增補 5 萬餘種圖書已是不容易了。域外漢籍文言小說的調查可留待後人的努力，從而進一步豐富有清一代史志目錄中文言小說的信息量。而《拾遺》的脫漏情況還包括了著錄《客窗閒話續》一書，但脫《客窗閒話》一書，《拾遺》所參考的《續提要》及《中國叢書綜錄》皆著有《客窗閒話》一書，《拾遺》顯然未察致漏收；再如收錄了《蕉軒續錄》，卻脫漏《蕉軒隨錄》，而《續提要》實有此書。此外，《續修》及《中國叢書綜錄》二書皆收錄了黃鈞宰的《金壺七墨》中的《浪墨》《遁墨》《逸墨》《醉墨》《戲墨》《淚墨》（又名《心影》），王紹曾既然引用了這兩個書目卻獨收《金壺戲墨》與《心影》二書，其餘概不收錄，該是脫漏所致。

對於《拾遺》一書，王紹曾作了自我評估。他說：「各家書目，類例大抵同中有異，見仁見智，各有所本，去取別擇，破費斟酌。……舉例言之，如經部禮類雜禮之屬，最易與史部政書類儀制之屬典禮相混。經部樂類最易與子部藝術類音樂之屬相混。……凡此之類，斟酌去取，未必悉當。而各家書目，魚魯亥豕，未盡訂正，以誤傳誤，亦屬難免。且余等未見書目尚多，即已見之目，因工作粗疏，未盡勾稽而失之眉睫者，所在都有。至如著錄重複，部居舛誤，次序錯亂欠考，恐亦意料中事。」〔註72〕儘管如此，《拾遺》確實如黃愛平所云，「仍不愧是目前國內規模最大、收錄最全、分類最細、使用最便的清代史志目錄，其編纂者用力之勤，考核之精，識見之深，學殖之厚，乃至打磨之功，最終造就了這部傳世之作。」〔註73〕

小　結

「三志」之中的子部小說著錄共 574 部。《寧氏目》出版於 1996 年，與成書於 1993 年的《拾遺》近乎同一時期，而寧稼雨收錄的清代文言小說則有 575 部，袁行霈的《中國文言小說書目》於 1981 年出版，收 549 部清代文言小說。「三志」與寧稼雨、袁行霈編纂的文言小說書目所收的清代著述大抵介於 549 部至 575 部之間。在體例方面，《補編》子部小說對《清志》舊例進行了調整，補入章回演義小說與彈詞。到了《拾遺》，則恢復子部向來只收筆記小說的傳統，將通俗小說與翻譯小說歸入集部。可以說，今人編纂的書目還原了清代學術文化中文言小說與通俗小說並行、持續發展的眞實面貌。不僅如此，《拾遺》擴大了收書範圍，也記錄了所收書目之出處及版本，大大提高了史志目錄的使用價值，功不可沒。

〔註72〕王紹曾主編：《清史稿藝文志拾遺・前言》，北京：中華書局，2000 年，第 22 頁。
〔註73〕黃愛平：《拾遺補缺，嘉惠學林──〈清史稿藝文志拾遺〉讀後》，《清史研究》，2003 年第 2 期，第 123 頁。

第三章 《清史稿·藝文志》及《補編》《拾遺》子部小說著錄差異的原因分析

　　《清志》著錄 63 部小說，《補編》著錄 52 部，而《拾遺》著錄 459 部小說。何以《拾遺》與《清志》《補編》在著錄數量上的差距如此之大呢？可以說，成書背景、著錄來源及編纂態度與思想的不同，是「三志」在著錄數量上產生巨大差異的重要原因。

第一節　「三志」的成書背景

　　余嘉錫先生曾論及採書以撰成目錄的時代條件。他說：「蓋一代之興，必有訪書之詔，求書之使。天下之書既集，然後命官校讎，撰爲目錄。修史者據爲要刪，移寫入志，故最爲完備，非藏書家之書目所可同年而語。」〔註1〕「三志」的成書背景各不相同，造成文言小說著錄的多寡之別。

　　《清志》是「三志」之中，成書條件最爲艱辛的，而《拾遺》的成書背景，則占盡先機。《拾遺》編纂之時，國家太平，且崇尚文治，重視古籍的整理，國家教委全國高校古委會亦予撥款資助，將其列入國務院古籍整理出版項目中，人力資源也很充足。而《清志》的編纂可以說是舉步維艱。張勳復辟事件就曾導致史館工作中斷幾個月，歷次軍閥混戰都致使史館工作陷入停頓或受到不利影響。吳士鑑致繆荃孫的第 3 函中就具體說明了外界的紛擾

〔註1〕余嘉錫：《古書通例》，上海：上海古籍出版社，1985 年，第 1 頁。

給館內工作帶來的影響。他寫到：「軍人和洽，市廛不驚。敝處家累太重，力難遷徙，困守家園，時時恐懼。處此時局，生趣索然。老人時患小恙，侄十二載不歸故里。驟逢酷熱，頭眩心煩。旱象將成，秋收又無望矣。小民生計，垂垂向盡。吾輩出處兩難，眞無可如何也。史館事，近益停頓。……近以政局紛紜，又赴泰安避之。」〔註 2〕同函中又言「渠不入東華，而編摩不輟，較之日日赴館而不做事者，相去遠矣。」〔註 3〕前者言時局的艱難與混亂，導致館中人員無法兼顧工作與生活的困難，得忙於安頓家小，又得擔心生計，沒有一個相對安穩及較好的修史環境；後者則從一個側面道出了史館當中有人到館而不做事，態度散漫。

造成館內工作陷入停頓局面和懶散的工作態度的，還有一個切實的問題，即經費不足。趙爾巽指出「開館之初，經費尙充。自民國六年，政府以財政艱難，銳減額算，近年益復枯竭，支絀情狀，不堪縷述，……日暮途遠，幾無成書之一日。」〔註 4〕館員薪水一減再減。到後來由於沒有經費，全局遂陷入停頓。後來，趙爾巽便向軍閥籌款，欲重加整頓史館。然而，當時部分館中同事已經請辭離開。故編纂工作又重新安排了一番。《清史稿》後來終得成書，其資金來源多靠募捐。〔註 5〕

在人力、經濟資源受到影響之時，採書活動也多有阻滯。編纂《清志》，需要採集、徵引大量的書目文獻。吳士鑒致繆荃孫的第 12 函中提及：「現在除國史館移交各種書檔外，其餘官私書籍，送者寥寥。總統既有徵書之命，館長復行文各省，飭道縣通行，令人呈送，如陸續而來，亦須時日。」〔註 6〕這是徵書的正常過程，但在那個時局不安，政局動盪的時代，徵書的過程與路途，就更耗時、更艱難了。文獻更難以保證完好無損。章鈺在第 10 函中亦曾提及南中近況「斯文掃地，劫運使然」〔註 7〕，第 11 函中又提到秣陵「又經浩劫，而書板、酒罈一一無恙。固知道存者物莫能傷，聞訊欣忭。龍潭舊館幸未遭兵火，而廣化別藏，主者奉行減政主義，飭將善本裝箱存部，通行各書撥歸國學。經此一番倒亂，遺失舛錯固在意中，入部而後。更不知何年

〔註 2〕 顧廷龍校閱：《藝風堂友朋書札》，上海：上海古籍出版社，1981 年，第 447 頁。
〔註 3〕 顧廷龍校閱：《藝風堂友朋書札》，上海：上海古籍出版社，1981 年，第 447 頁。
〔註 4〕 趙爾巽等撰：《清史稿‧〈清史稿〉發刊綴言》，北京：中華書局，1977 年，第 14731 頁。
〔註 5〕 朱師轍：《清史述聞》，上海：上海書店出版社，2009 年，第 41 頁。
〔註 6〕 顧廷龍校閱：《藝風堂友朋書札》，上海：上海古籍出版社，1981 年，第 451 頁。
〔註 7〕 顧廷龍校閱：《藝風堂友朋書札》，上海：上海古籍出版社，1981 年，第 589 頁。

再見人間，真可太息痛恨者也。」〔註8〕這些都是章鈺對求書不得，文獻難徵的由衷歎息。

　　此外，從清代名人傳略中發現，有些在中國國內圖書館難以找到的清人著述，反而在海外圖書館可以借閱到。這是因為清末時期，外敵入侵中國時候，也收集掠奪了中國文化古籍。這都增加了徵書的難度。《舊時書坊》一書中就曾記錄日軍不僅對南京人民進行大屠殺，還對中國的資源、重要文物及古籍圖書資料大肆掠奪。〔註9〕此外，書中也收錄了薛冰的文章《大江南北淘書記》，記其在 1987 年 8 月底來到揚州，跑到達士巷書庫去看書，獲得了蔣素華先生的熱情接待。當時蔣素華的書庫案上堆積了幾大堆的古籍，據說是根據外國人的需要挑出來，準備出口換外匯的。薛冰還說類似的事情，他在蘇州和南京也曾遇過，據說即使到了 20 世紀後半葉也沒有間斷過。〔註10〕朱師轍亦指出，自科舉停辦，士大夫皆不再向學，大家中落，又有人掠販書籍出售給外國人，從中牟利。當此之時，日本、英國、法國、德國、美國等，無不知中國書籍的珍貴，肆意收書、聚書。所以編纂之時，即便是藏於國內的文獻，也未必能順利得之。朱師轍就曾憶述各省圖書館書目中，除了《京師大學堂書目》及《浙江圖書館目》送達史館，其餘的多未送及。〔註11〕

　　另一方面，清人著述量頗大，但是著錄清人著述的書目卻還不多，因此《清志》網羅諸家著述以編纂書目的難度也就更大。〔註12〕章鈺致繆荃孫的第 36 函感歎道：「擬草《藝文志長編》，搜集各官書，不勝汪洋之歎。現在只能實作鈔胥，不免為通人齒冷。」〔註13〕他又在第 41 函中說：「《藝文志》終以見聞寡陋，中有數門更非專家不辦，用是尚難請正於同好。」〔註14〕不僅採書難，可供徵引的書目少，遇到棘手的問題時也難以請同好指正。這些

〔註8〕顧廷龍校閱：《藝風堂友朋書札》，上海：上海古籍出版社，1981 年，第 590 頁。

〔註9〕秋禾、少莉編：《舊時書坊》，北京：生活‧讀書‧新知三聯書店，2005 年，第 175 頁。

〔註10〕秋禾、少莉編：《舊時書坊》，北京：生活‧讀書‧新知三聯書店，2005 年，第 240 頁。

〔註11〕朱師轍：《清史述聞》，上海：上海書店出版社，2009 年，第 9 頁。

〔註12〕杜澤遜：《史志目錄的回顧與前瞻：編纂〈清人著述總目〉的啟示》，《文史哲》，2008 年第 4 期，第 69 頁。

〔註13〕顧廷龍校閱：《藝風堂友朋書札》，上海：上海古籍出版社，1981 年，第 600 ～601 頁。

〔註14〕顧廷龍校閱：《藝風堂友朋書札》，上海：上海古籍出版社，1981 年，第 602 頁。

記述都證明了《清志》編纂時在搜索史料的過程中處處受限。

1927 年，南方國民政府發動北伐戰爭，趙爾巽恐怕北伐軍的勝利將導致政局大變，加上自己「年齒遲暮」，不願使修史的十餘年心血付之東流，故召集史館會議力主付印。由於個別館員認爲《清史》尚未定稿，若匆匆付印，恐貽笑大方，然而趙爾巽仍執意出版成書。他説：「吾不能刊《清史》，獨不能刊《清史稿》乎？」〔註15〕遂決定刊印，定名爲《清史稿》，於 1928 年印成。然而，1929 年時，故宮博物院《清史稿》審查委員會上報國民政府《呈清嚴禁〈清史稿〉發行文》，謂《清史稿》「乖謬百發，開千古未有之奇」〔註16〕，共列舉其 19 項罪狀，將之視爲背逆之書，被冠以藐視革命先烈、反對辛亥革命、反對漢族等罪名而遭禁。〔註17〕1961 年臺灣「國防研究院」對《清史稿》進行改動，刪去了某些貶抑革命的字句，改書名爲「《清史》」，方獲解禁，其正史地位始得到肯定。

至於武作成編纂《補編》的年代，並非局勢動盪之時，亦非文獻不可徵者，關於其採書、聚書至收書，編寫成目錄的過程，就目前來説，仍無從知曉。但是《補編》大致成書於 20 世紀 50 年代初，距離中國解放不過幾年時間，在資料搜集方面，自然也不如《拾遺》來得容易。畢竟，解放以前，大量珍貴的圖書資料被列強掠奪，文化學術事業又被反動統治階級所壟斷，公私圖書館的藏書數量也不多，且分散在各地，還未能完全集中掌握當時中國藏書情況。因此，編纂目錄也或多或少受到侷限，只能根據一館所藏或一家著錄，或從各家書目輾轉傳錄，撮合成編。〔註18〕《拾遺》則不然。其編纂之時，距離解放已經 30 餘年，國家當時頗重視文治，可以説《拾遺》的編纂在修史環境、經費、人力資源、採書、徵書方面都佔據了有利的條件。如此也就把著錄數量的差距給拉開了。

王紹曾開始著手進行《拾遺》的編纂工作時，受到中華書局的大力支持，由中華書局出面，徵求一些專家意見。後來這個項目被列入全國高校古籍整理科研規劃，獲得資助，並且被列入國務院古籍整理出版「八五」規劃。經過王紹曾等十多人組成的編委會的長期努力下，稿件終於在 1992 年完成，並

〔註15〕陳清泉等編：《中國史學家評傳》，鄭州：中州古籍出版社，1985 年，第 1130 頁。
〔註16〕朱師轍：《清史述聞》，上海：上海書店出版社，2009 年，第 319 頁。
〔註17〕朱師轍：《清史述聞》，上海：上海書店出版社，2009 年，第 319 頁。
〔註18〕上海圖書館編：《中國叢書綜錄·前言》，上海：上海古籍出版社，1982 年，第 2 頁。

交由中華書局出版，整個編纂過程長達 10 年之久。爾後，中華書局又編製上百萬字的索引，並在 2000 年將此書出版。〔註19〕從 1983 年立項到 1993 年完稿，再到 2000 年出版問世，《拾遺》一書實際上已經用去了 17 年的時間。相比之下，《清史稿》未作最後的校勘、增補與完善，就匆匆付印，自然脫漏嚴重。

　　此外，《拾遺》的編纂團隊致力於廣搜公私名簿，其中徵引書目就多達 285 種。在成功採書、聚書以後，王紹曾偕同朋友學生，開始分配工作，纂修資源亦充足，不存在如《清史稿》史館人員流動量大及稿件缺乏審視的問題，做起事來自然事半功倍。《拾遺》這個項目原來是由王紹曾擔任主編，張長華擔任副主編。張氏因為另有任務，自 1988 年開始改由杜澤遜擔任副主編。編纂工作分成三個階段進行。第一階段為查對書目、抄寫卡片工作。在這個過程中，又新增了書目近百種，補抄卡片約兩萬張；第二階段為剔除重複書目的工作；第三階段為先分大類，再行分編。其中子部小說家類由杜澤遜分編。集部小說類創作之屬由王承略分編，翻譯之屬則由杜澤遜分編。每一工作階段都有相應的學者主編，負責主持領導參與協修的工作團隊，任務安排清晰。全書由王紹曾主編總其成，按類覆核；杜澤遜協助主編統稿。劉心明、王承略亦參加了部分統籌工作。杜氏、劉氏及王氏都在繁雜的第三階段工作即分類編纂工作中起到了骨幹作用。〔註20〕這也意味著子部小說的分類代表著王紹曾及杜澤遜，尤其是後者的子部小說觀念。無可否認，一部作品的成敗，很多時候取決於能否做到製作細節的妥善安排、資源的有利調動及團隊的溝通與配合。《拾遺》在這些方面是成功的，故能彌補《清志》的嚴重脫漏。此外，「三志」依據的書目來源，也是其著錄數量差距較大的原因之一。

第二節　「三志」子部小說著錄來源考

　　本文在這部分主要想探究「三志」的著錄來源，即「三志」的編纂者在著錄圖書文獻時，用了哪些書目文獻作為參考。在可考的參考來源中，究竟

〔註19〕杜澤遜：《史志目錄的回顧與前瞻：編纂〈清人著述總目〉的啟示》，《文史哲》，2008 年第 4 期，第 70 頁。

〔註20〕王紹曾主編：《清史稿藝文志拾遺‧後記》，北京：中華書局，2000 年，第 2558～2559 頁。

哪些書目文獻是「三志」著錄子部小說的重要來源？哪個書目文獻又是各志的第一參考來源，即相信是各志在著錄過程中，首先參考的書目文獻。《清志》編纂以前，清國史館有多種國史《藝文志》，如臺灣《故宮博物院善本舊籍總目》著錄《大清國史未定稿》（清國史館編，清內府朱絲欄寫本，3,400冊。）內有《大清國史藝文志》5 卷 5 冊，又有《大清國史藝文志》10 卷 10 冊。目前，國家圖書館亦藏有《北京圖書館普通古籍總目‧目錄門》所著錄的清人譚宗濬編的清鈔本《大清國史藝文志》18 卷，共 4 冊。除此之外，《清志》的基本參考書目還有《四庫全書總目》（以下簡稱「《總目》」）。

　　據《清志》「關內本」朱師轍所撰序文，《清志》的體例標準為：「清儒著述，《總目》所載，捃採靡遺。《存目》稍蕪，斟錄從慎。乾隆以前，漏者補之。嘉慶以後，缺者續之。」〔註21〕這意味著《清志》將《總目》著錄的清人著述盡可能收錄，而對於《存目》著錄的清人著述，則選擇性收錄。顯然，《總目》是《清志》收書的第一參考來源，但在《清志》子部小說著錄方面，尚不能就此論定《總目》是其重要來源。《總目》為了壓制民族思想，限制編纂的規模及受到貴遠賤近的觀念影響，原來清人的著述大都被歸入存目。《總目》的「正目」中，只有 1 部《山海經廣注》見於《清志》內，而被四庫館臣退入《存目》的清代小說則有 33 部，其中 13 部見錄於《清志》。其實，《存目》的價值，已廣為學術界所討論及肯定，杜澤遜也因此出版了《四庫存目標注》。時移世異，《清志》在編纂的起始，在成書條件極為艱難時候，將自己著錄的書目來源，設定在這麼一個狹小的框架裏，故而對《存目》去取態度過於拘謹、守舊，《存目》中反取清代小說 13 部。

　　除了《總目》之外，章鈺等也注意訪求「諸家通行書賬」。雖然無從得知《清志》的具體書目來源，但尚有線索可循。從章鈺致繆荃孫的第 2 及第 3 函信件中，可知《清志》借鑒過的書目大概有《佳趣堂書目》及「徐、吳、陸三種藏目二冊」〔註22〕。「徐」、「吳」、「陸」當指徐乾學的《傳世目》、吳騫的《拜經樓藏書題跋記》及陸心源的《皕宋樓藏書志》《儀顧堂題跋》。此外，《清志》還用了莫友芝《傳本書目》（案：《藏園訂補邵亭知見傳本書目》）、張之洞《書目答問》〔註23〕、京師圖書館諸藏目〔註24〕、「丁氏目」

〔註21〕章鈺等編：《清史稿藝文志及補編‧序》，北京：中華書局，1982 年，第 3 頁。
〔註22〕顧廷龍校閱：《藝風堂友朋書札》，上海：上海古籍出版社，1981 年，第 586 頁。
〔註23〕顧廷龍校閱：《藝風堂友朋書札》，上海：上海古籍出版社，1981 年，第 601 頁。
〔註24〕顧廷龍校閱：《藝風堂友朋書札》，上海：上海古籍出版社，1981 年，第 589 頁。

〔註25〕（案：《八千目》）及《江寧圖書館目》〔註26〕及劉、張二家藏書目〔註27〕（案：劉承幹《嘉業堂藏書志》及張鈞衡的《適園藏書志》與《鐵琴銅劍樓藏書目錄》。）

　　章鈺又說：「近來藏家目收本朝著述者，八千卷樓（案：《八千目》）外，即推盛氏目（案：盛宣懷編《愚齋圖書館藏書目錄》）。」〔註28〕杜澤遜指清代藏書目錄多以善本爲著錄重點，普通古籍總目所取較少，像丁氏《八千目》著錄大量清人著述的普通古籍目錄並不多，至於《江寧圖書館目》的著錄主體又是源於八千卷樓，因此推論《八千目》是《清志》的又一重大來源。〔註29〕當然，這還不能說明《八千目》是《清志》子部小說著錄的重要來源。而信函中所提及的《愚齋目》，儘管是《清志》主要的著錄來源之一，也同樣還不能說它就是《清志》子部小說著錄的重要來源。

　　要考察《清志》子部小說的重要著錄來源，本文僅能掌握到的線索就是章鈺信中所述及的訪求得來的書目。章鈺參考的諸家通行書賬中，《嘉業堂藏書志》及《鐵琴銅劍樓藏書目錄》都不著錄清代小說；而《佳趣堂書目》則不分部類，僅有一二部經常徘徊於小說與雜家之間的清代著述；《適園藏書志》著錄 1 部清代小說；江南圖書館藏書雖約有 70 萬卷之多，堪稱收藏最豐富的，〔註30〕但僅著錄 1 部清代文言小說；《書目答問》則有 3 部。可見，它們都無法作爲《清志》文言小說著錄的書目來源。而被認爲是《清志》著錄的最大來源的《八千目》與《愚齋目》，前者著錄的 151 部小說中，有 22 部書目收錄在《清志》子部文言小說中；而《愚齋目》著錄的 70 部清代小說中，僅有 13 部被《清志》採錄。至於《傳本書目》，共著錄了 47 部清代小說，《清志》採錄了其中的 11 部，同列入小說家。另外，《清志》中有 14 部小說見於《總目》。茲列表如下：

〔註25〕顧廷龍校閱：《藝風堂友朋書札》，上海：上海古籍出版社，1981 年，第 599 頁。

〔註26〕顧廷龍校閱：《藝風堂友朋書札》，上海：上海古籍出版社，1981 年，第 599 頁。

〔註27〕顧廷龍校閱：《藝風堂友朋書札》，上海：上海古籍出版社，1981 年，第 599 頁。

〔註28〕顧廷龍校閱：《藝風堂友朋書札》，上海：上海古籍出版社，1981 年，第 600 頁。

〔註29〕杜澤遜：《史志目錄的回顧與前瞻：編纂〈清人著述總目〉的啓示》，《文史哲》，2008 年第 4 期，第 68 頁。

〔註30〕朱師轍：《清史述聞》，上海：上海書店出版社，2009 年，第 5 頁。

表四：《清志》子部著錄文言小說與書目著錄文言小說之同書數量表

書　目		《清志》與書目收錄同書數目
書目名稱	文言小說著錄總數	
八千目	151 部	22 部
總目	34 部	14 部
傳本書目	47 部	11 部
愚齋目	70 部	4 部

　　從表四中我們可知《八千目》不僅是《清志》著錄的最大來源，也是其文言小說著錄的最大來源，而僅次於《八千目》，收錄最多清人著述的《愚齋目》，雖然是《清志》著錄的一重大來源，但並非《清志》文言小說著錄的重要來源之一。也就是說，章鈺所述的參考書目中，惟獨《八千目》《總目》及《傳本書目》被徵用以著錄清代小說的可能性最大。而文言小說書目的著錄來源，是否又僅限於這三部書目呢？本文會在下一章進一步比較章鈺未述及的其他清代私家藏書目錄與《清志》的小說著錄，從中窺探兩者之間的聯繫及差異。

　　對於《清志》著錄的來源，王紹曾也提出過質疑。王紹曾指出章鈺編纂《清志》之時，正值民國早期，當時在京津的藏書家尚有江安傅氏，番禺葉氏，德化李氏，南陵徐氏，至德周氏；在江浙及上海一帶的，除了上海商務印書館涵芬樓外，有吳興蔣氏、嘉興沈氏、錢塘葉氏、金陵鄧氏、吳縣蔣氏、潘氏、常熟丁氏、金山姚氏、武進董氏、陶氏、項城袁氏、南海潘氏、貴池劉氏；在湖南的則有長沙葉氏；在山東的有聊城楊氏。這些藏書家收藏豐富，精於鑒定版本優劣。倘若清史館能為章鈺組織人力四處搜訪，將清人著述目錄迻錄至京，然後汰其重複，分類編目，則《清志》著錄絕不止 9,600 餘部，惜章鈺本身及清史館都未能考慮及此。〔註 31〕然而據當時的時局背景，史館的經濟情況，本文揣測章鈺恐怕不是沒有考慮過，只是心有餘而力不足罷了。

　　《清史稿藝文志補編》（以下簡稱「《補編》」）作為《清史稿‧藝文志》的補志之作，還未受到學術界的普遍重視，已發表的《補編》研究論文，還停留在著錄訂誤方面。而其他的問題，尚未見有研究論文發表。關於《補編》

〔註31〕王紹曾主編：《清史稿藝文志拾遺‧前言》，北京：中華書局，2000 年，第 20 頁。

的著錄來源，杜澤遜先生曾表示自己在長期使用《補編》的過程中，至少發現它有兩大著錄來源。一是其主體來源，即當時收藏於中國科學院圖書館的龐大稿本《續修四庫全書總目提要》（以下簡稱「《續修四庫提要》」）。這部稿本爲民間東方文化事業總委員會北京人文科學研究所組織中國學者撰寫的，內容達三萬餘篇，多收《四庫總目》之後的著述，也有《四庫總目》未收的乾隆以前的著述。二是其專門來源，即史部地理類「都會郡縣之屬」，主要來自朱士嘉《中國地方志綜錄》。其理據是《補編》和這兩大材料之間的某些錯誤一模一樣。〔註 32〕本文在考察《補編》子部著錄的 52 部筆記小說的過程中，針對杜澤遜先生所述及的稿本《續修四庫全書總目提要》的文言小說著錄進行比較，也發現了《補編》的子部文言小說著錄來源，很大可能是《續修四庫提要》及近人孫殿起編的《販書偶記》。

　　關於武作成之生平及學術背景，可考者甚少。唯一的線索是武作成編纂此書時，爲中國科學院圖書館的一員。1985 年《中國科學院圖書情報工作三十五年》編委會出版了《中國科學院圖書情報工作三十五年（1949～1983）》一書，該書提到 1958 年 1 月 17 日中國科學院圖書館舉辦了第四次常務會議，武作成爲《圖書館通訊》編委會成員之一。〔註 33〕1958 年正是《補編》成書之時。可見，當時武作成作爲館內成員之一，因利之便，借用館內所藏《續修四庫全書總目提要》，撰成《補編》。據筆者統計，《續修四庫提要》共著錄 200 種文言小說。而另一來源《販書偶記》，則以著錄清代著述爲主，主要收錄《四庫全書》和各種叢書中未收錄的單印本、稿本、抄本、校本等，還收錄了禁燬書、明清白話小說和戲曲書，使用價值極高。《補編》以補撰《清史稿‧藝文志》爲基礎，對這部在 1936 年印行的工具書，不可能不知道，不徵引。且《販書偶記》也收錄了大量小說。其子部小說，分爲雜事、異聞、瑣語及演義四類，共收書 105 種，前三類文言小說共計 90 種。下文進一步考證《續修四庫提要》及《販書偶記》很大可能是《補編》文言小說著錄的兩大著錄來源之說。

　　考察《補編》的 52 部文言小說著錄，有 23 部見於《續修四庫提要》，佔

〔註 32〕杜澤遜：《史志目錄的回顧與前瞻：編纂〈清人著述總目〉的啓示》，《文史哲》，2008 年第 4 期，第 69 頁。

〔註 33〕《中國科學院圖書情報工作三十五年》編委會編：《中國科學院圖書情報工作三十五年（1949～1983）》，上冊，北京：中國科學院出版圖書情報委員會、中國科學院圖書館，1985 年，第 262 頁。

了《補編》著錄的 44.23%，而能見於《販書偶記》的則有 32 部，超過半數，占 61.54%，除去重複者，能見於《續修四庫提要》及《補編》的，共有 47 部，占《補編》文言小說著錄的 90.38%。

表五：《補編》子部筆記小說之屬著錄來源比照

序	《補編》子部筆記小說之屬	《續修四庫提要》	《販書偶記》
1.	夢園叢說內篇、外篇		✓
2.	柳崖外編		
3.	凬史、拾遺		✓
4.	甕牖餘談		✓
5.	遯窟讕言		✓
6.	淞濱瑣話		✓
7.	對山書屋墨餘錄		✓
8.	拾籜餘閒		
9.	重編西清散記		✓
10.	瑣蛣雜記	✓	✓
11.	諧鐸		✓
12.	近事叢殘		✓
13.	常談叢錄		✓
14.	醉茶志怪		✓
15.	耐冷談		✓
16.	客窗偶筆		✓
17.	夢廠雜著	✓	✓
18.	蕉軒摭餘		✓
19.	隱書	✓	✓
20.	娛目醒心編		
21.	續太平廣記		✓
22.	餘墨偶談		
23.	牧庵雜記	✓	
24.	風月談餘		
25.	遁齋偶筆	✓	
26.	女才子集	✓	
27.	蘭苕館外史		✓

28.	春夢十三痕		✓
29.	廣虞初新志	✓	✓
30.	遣睡雜言	✓	
31.	逸農筆記	✓	
32.	靜娛亭筆記		✓
33.	渠丘耳夢錄	✓	
34.	遺珠索貫		✓
35.	遣愁集	✓	
36.	六合內外瑣言	✓	
37.	客舍偶聞	✓	
38.	恐自逸軒所錄		
39.	漁磯漫鈔		✓
40.	巽繹編	✓	
41.	京塵雜錄	✓	
42.	耳談	✓	
43.	證諦山人雜誌		✓
44.	聊齋誌異	✓	✓
45.	聊齋誌異遺稿、附錄		✓
46.	粵屑		✓
47.	春泉聞見錄	✓	✓
48.	耳食錄、二編	✓	✓
49.	瓜架夕談	✓	
50.	途說	✓	
51.	秦淮廣記	✓	
52.	鐵若筆談	✓	
	文言小說書目見於二書部數（%）	23（44.23%）	32（61.54%）

　　本文相信《補編》很大可能徵引了這上述兩部書所錄的文言小說，其理由有數個：其一，本文考察多種著錄清代文言小說數量較多，且成書於武作成《補編》撰畢以前的文言小說書目，有清代的《八千卷樓書目》（151 部）、《藏園訂補郘亭知見傳本書目》（47 部）、《孫氏祠堂書目》（31 部）、《鄭堂讀書記》（25 部）、《文瑞樓藏書目錄》（25 部）、《傳世樓書目》（18 部）、《越縵堂讀書記》（10 部）、《吟香仙館書目》（5 部）；近代的《觀古堂藏書目》（12

部)、《愚齋圖書館藏書目錄》(4 部)等書目,發現《補編》所著錄的 52 部文言小說中,足足有 31 部完全未見於上述書目,佔了 59.62%,如《對山書屋墨餘錄》《蕉軒摭餘》《女才子集》《淞濱瑣話》等。

其二,《補編》文言小說的著錄,對於《販書偶記》著錄之某小說的續編或附錄,皆照常採錄,無一脫漏,而上述小說的續編或附錄卻未見於其他書目。

其三,從《清史稿藝文志拾遺》(簡稱「《拾遺》」)的徵引作出反證。《拾遺》徵引書目中,能見《販書偶記》及《販書偶記續編》。前者著錄文言小說 90 部,後者著錄文言小說 76 部。雖然《販書偶記》著錄數量更多,但《拾遺》徵引《販書偶記》僅有 34 部,比起徵引《販書偶記續編》的其中 55 部作品來得少,這恰恰說明了作為《清史稿·藝文志》及《補編》的補志之作,不必要重複採錄《補編》已經從《販書偶記》中徵引的書目。所以,《拾遺》對於收書較多的《販書偶記》反而採錄較少。

總結上述幾種原因,筆者有理由相信,《販書偶記》與《續修四庫提要》是《補編》文言小說著錄的兩大來源。當然,《補編》文言小說自有其他的著錄來源,畢竟有 5 部小說是完全未見於上述書目中,其尚有可能採錄的公私藏書目錄,還有待日後的進一步研究。但相信其重要性,不及《續修四庫提要》《販書偶記》。

表六:《拾遺》子部小說徵引書目出處及統計表

徵引書目出處(全稱)	徵引數目
中國叢書綜錄*	282 / 574
重修清史藝文志*	69 / 192
販書偶記續編*	55 / 76
中國叢書綜錄補編(徵求意見稿)	38
販書偶記	34
四庫全書總目	20
清朝續文獻通考經籍考	20
四庫未收參考書目	18
續修四庫全書提要	15
中國古籍善本書目	17
安徽文獻書目	12

國立中央圖書館善本書目	7
（民國）重修常昭合志藝文志	5
八千卷樓書目	5
山東大學圖書館藏線裝書目	5
西諦書目	4
趙景深先生贈書目錄（中文線裝書部分）	3
增訂晚明史籍考	2
中國叢書目錄及子目索引彙編	2
大清畿輔書徵	1
（光緒）山東通志藝文志	1
譯書經眼錄	1
四部總錄藝術編	1

＊注：凡插入「＊」號書目之徵引書目一欄下面的數目為該書子部文言小說著錄總數。

可見，上海圖書館編的《中國叢書綜錄》是《拾遺》子部小說著錄的最大來源，其次則是臺灣彭國棟纂修的《重修清史藝文志》，再其次是孫殿起編的《販書偶記續編》。《中國叢書綜錄》乃中國古籍叢書目錄。全書共收錄中國古籍叢書 2,797 部，包括七萬多種圖書（即子目），去除重複以後仍有 38,891 種。據本文統計，子目小說，除去重複者，共計 574 部。《中國叢書綜錄》以前，還未有收錄如此大量文言小說的目錄，《清志》與《補編》成書在《中國叢書綜錄》前，沒有一部大型的目錄學著作以供著錄參考。成書在《中國叢書綜錄》後的《拾遺》，能夠利用此書，無疑給採錄書目的工作，增添了許多方便。《拾遺》著錄的文言小說，能見於《中國叢書綜錄》的，共 282 部，佔了《中國叢書綜錄》全部小說的 49.13%，接近半數。

《重修清史藝文志》一書，則為彭國棟所撰，由臺灣商務印書館於 1968 年出版，共著錄 18,059 種清人著述，除去與《清志》重複者，增錄了 8,426 種。雖然其所增錄的不及武作成多，但子部著錄方面，卻收書 4,542 種，比起《補編》子部著錄共增錄了 2,707 種。在子部文言小說方面的著錄數量，也遠勝於《補編》。《重修清史藝文志》收錄了 166 部小說，比《補編》增錄了 114 部小說，並且延續了《清志》的特色，輯佚清人輯佚小說共 26 部，清人小說著述及輯佚小說共 192 部，也因此成為了後來《拾遺》子部小說著錄的重要來源。《拾遺》子部文言小說著錄共徵引了《重修清史藝文志》69 部書。

　　《販書偶記續編》為《拾遺》子部小說著錄的第三大來源，《拾遺》共徵
引《販書偶記續編》其中的 55 部小說。《販書偶記》則為其第五大來源。兩
種書目皆為孫殿起所編纂。孫殿起編纂的上述書目主要收錄清代著述。孫殿
起在北京琉璃廠開設通學齋書店，經營古舊書籍收售業務，曾編有《琉璃廠
小志》一書。他把曾經知見過的書目作了記錄，詳記書名、著者及版刻事項，
達 1 萬餘條，並大略考述各書的傳播情況和內容差異，撰成《販書偶記》20
卷，並於 1936 年印行。1959 年中華書局出版此書，並編上索引，1982 年重
印時，又增加了雷夢水的正誤和補遺。《販書偶記》印行後，孫殿起又得六千
餘條材料，並交雷夢水整理，撰成《販書偶記續編》，1980 年由上海古籍出版
社出版。《販書偶記》及《販書偶記續編》可被視為《總目》的補充，因為它
們主要收錄《總目》和各種叢書中未收錄的單印本、稿本、抄本、校本等，
還收錄了禁燬書、明清白話小說和戲曲書，使用價值極高。《販書偶記續編》
子部小說家類分成五類，即雜事、異聞、瑣語、小說演義及彈詞，共著錄 117
種小說，其中文言小說，即前三類屬共收 76 種。而成書在前的《販書偶記》
類屬則不同，分為雜事、異聞、瑣語及演義四類，共收書 105 種，前三類屬
占 90 種。兩書共收錄清代文言小說 166 種，故順理成章地成為《拾遺》文言
小說著錄的重要來源。

　　然而，讓人不解的是，《拾遺》在《徵引書目》中雖列明了《袁氏目》，
然而在文言小說每書之下所注明的出處中，卻不見記錄用了《袁氏目》。據
考察，《中國叢書綜錄》亦是袁行霈編纂書目的最大來源，《拾遺》既然徵引
了《中國叢書綜錄》，就不再使用《袁氏目》。然而，《袁氏目》清代部分，
除了大量參考、徵引《中國叢書綜錄》收錄的書目，也參考了《清朝文獻通
考‧經籍考》《八千目》《總目》《光緒杭州府志‧藝文志》《清續經籍考》《吟
香仙目》《販書偶記》《八旗藝文編目》《福建藝文志》《溫州經籍志》及《觀
古堂目》等。其中，本文發現《拾遺》對《光緒杭州府志‧藝文志》《福建
藝文志》及《溫州經籍志》3 種地方藝文志著錄的小說，未有徵引。上述 3
種藝文志，《袁氏目》共從中採錄書目達 55 種，分別為《光緒杭州府志‧藝
文志》（30 種）、《福建藝文志》（24 種）及《溫州經籍志》（1 種）。換言之，
《袁氏目》有 55 種可供《拾遺》小說家類甄選、補錄，可惜《拾遺》未能
善加利用。另外，雖然王紹曾在編纂書目時，注意到要搜羅域外漢籍，也徵
引了數種外國漢籍文獻目錄，但在小說方面所採錄的如孫楷第撰的《日本東

京所見小說書目》（附《大連所見中國小說書目》，1958 年人民文學出版社排印本）僅著錄 6 種子部小說，餘者皆是通俗小說，而柳存仁編的 1982 年書目文獻出版社排印本《倫敦所見中國小說書目提要》收書範圍也僅限於通俗小說。故《拾遺》一書，雖然增錄了 459 部文言小說，但對域外漢籍文言小說的採錄程度及重視程度還是不夠。

綜上所述，編纂一代史志目錄最爲依傍公私簿錄。歷代修史志目錄，大抵以公私簿錄爲著錄之依據。若有此依傍，則事半功倍。所以，徵引書目的數量越多，徵引書目收錄的著述越豐富，撰成的目錄著作內容自然也更豐富。

第三節 「三志」編纂者的編纂態度及標準

「三志」中文言小說收書數量的多寡，也與編纂者的編纂態度及其著錄標準有關。關於《清志》的脫漏問題，《拾遺・前言》總結得非常詳盡，王紹曾指出四點：一曰出於主稿者之偏見，取捨由己，不予甄錄；二曰囿於主稿者之識力，不能明辨去取，廣爲搜探；三曰《清志》著錄，以存書爲限，然未見之書，耳目難周，以此自封，則一代藝文，勢必無從考見；四曰所據之公私簿錄，爲數寥寥，民間未刊之稿本、抄本，長期沉薶，不獲一見。〔註34〕故本章擬從編纂者的個人偏好及其收書標準這兩方面來進行論述。

一、個人偏好

王紹曾認爲《清志》所補乾隆以前、嘉慶以後的書，其去取別擇，全憑自己的偏好，〔註35〕因此也造成了其收載書目不廣的原因。雖然《清志》所處的時代文獻難徵，但就其所能見的書目而言，也未能善加利用。以《總目》爲例，《清志》對「存目」的態度竟是「『存目』稍蕪，斠錄從愼」。兩書成書年代相距較遠，身處《清志》成書百年之後的章鈺該認識到被四庫館臣退入「存目」的書多是乾隆帝及四庫館臣爲了壓制民族思想，受到貴遠賤近觀念所影響，對清代著述查禁較嚴苛的結果。事實上，「存目」反而收錄了大量有價值的思想文獻，但章鈺卻把採錄的焦點集中在「正目」內。考察四庫館臣收錄在「正目」內的清人著述，共有 3,493 種，「正目」占 776 種，而「存目」

〔註34〕王紹曾主編：《清史稿藝文志拾遺・前言》，北京：中華書局，2000 年，第 10～20 頁。

〔註35〕王紹曾主編：《清史稿藝文志拾遺・前言》，北京：中華書局，2000 年，第 11 頁。

卻占 2727 種，足足佔了清代著述的 78.07%。而列入清代小說「正目」中的唯有 1 部，「存目」占 33 部，《清志》採錄的只有 13 部，不予甄錄的卻達 20 部，佔了 60.60%。而其餘類別能入選「正目」的也大部分是考據類、職官類或前冠有「欽定」「御定」「御纂」等字在書名前的書目。如果《清志》能認識到「存目」的重要性及其價值，其所著錄的書何止於 9,000 餘種，小說又何止於 63 種呢？然而，更教人匪夷所思的是，成書於 20 世紀 50 年代初的《補編》，卻依然漠視「存目」的存在價值，對其所收錄的清代文言小說無一甄錄，這難道不是與個人偏好或對「存目」存在偏見有關嗎？

此外，王紹曾又指《清志》未能明辨去取，廣為搜採，在輯佚方面，收錄的書也不多。《清志》文言小說輯佚部分，主要是以乾隆時敕令輯佚的前人小說集馬國翰輯佚的小說為主。將《清志》與馬國翰所輯佚的文言小說對比，可見《玉函山房輯佚書》目錄子編小說類所收錄的書，《清志》已經悉皆採入，只不過《玉函山房輯佚書》收錄的 594 種書，小說輯佚只佔了 8 種。其實，不僅馬國翰，過去清人輯佚文獻，主要精力皆在經部，這個現象自四庫館臣輯佚文獻時已然存在。基本上，館臣遵循了「三輯」「三不輯」的原則。所謂「三輯」，即著力輯佚皇帝裁定之書、自己喜歡之書及短小之書；所謂「三不輯」，即「不輯詞義無關典要之書，不輯無益於世道人心之書及不輯逸在各韻、掇拾不易之書、專業不通、校勘為難之書。」〔註36〕可以說，《清志》除了遵循四庫館臣輯佚文獻的原則，即主要收錄皇帝敕令輯佚的文獻，對於小說文獻的輯佚，也只採錄馬國翰之著述，而對他家輯佚之書則毫無查考及甄錄。《補編》在《清志》的基礎上，不廣收輯佚書，反倒一部也不予著錄，完全漠視了清人重輯佚的學術文化特色。到《拾遺》編纂之時，已是另一番景象。《拾遺》著錄的最大來源，即《中國叢書綜錄》，一部信息量豐富的叢書，共收錄 2,797 部叢書，其中輯佚之書，清代著述，多不勝數。而《中國叢書綜錄》又收錄了清代蟲天子輯《香豔叢書》、王韜輯《豔史叢鈔》及民國時期編纂的叢書，如國學扶輪社輯佚的《古今說部叢書》、進步書局輯《筆記小說大觀》、上海文明書局輯《清代筆記叢刊》、雷縉輯《清人說薈》等，這些叢書都收錄了大量文言小說，所以《拾遺》能補錄 459 部文言小說，得其助者甚多。不僅如此，《拾遺》從「存目」中也採錄了 20 部清

〔註36〕喻春龍：《清代輯佚研究》，國家清史編纂委員會編：《研究叢刊》，上海：上海古籍出版社，2010 年，第 166 頁。

代文言小說。可以說，清代距離《清志》近，距離《拾遺》遠，且《拾遺》原來就是爲了拾遺補缺而作，故在編纂態度上，較之前二者，更能抱持客觀態度。這個客觀，也包括了不對某一類別書籍，諸如小說之類的文獻產生牴觸情緒或看輕態度。

若要考察「三志」對於小說的重視程度，本文有理由相信章鈺等人對小說的態度，是較爲看輕的。考察《章氏四當齋藏書目》所著錄的文獻，可以略知一二。該書是顧廷龍編纂的關於章鈺的藏書目錄，「四當齋」爲章氏的書齋名稱。顧廷龍計其藏書爲 3,368 部，72,782 卷，21,596 冊，歸於北京圖書館收藏，並編纂成目錄。目錄共 3 卷，分爲卷上、卷中及卷下。總和各卷的子部小說著錄，《章氏四當齋藏書目》共收錄子部書 554 部，其中清代著述佔了 352 部，而清代作品中文言小說不過是佔了 16 部而已，占清代子部藏書中的 0.05%。一個人的藏書一定程度上代表他的閱讀偏好。章鈺顯然不怎麼喜好小說，藏書亦有限。再從排序來看，《清志》也將小說列在子部中倒數第三的位置上，即依序爲儒家、兵家、法家、農家、醫家、天文算法、術數、藝術、譜錄、雜家、類書、小說家、釋家及道家。此外，清代小說無論文言小說還是通俗小說皆得到發展，尤其通俗小說，清人爲之特工，然而章鈺卻對此視而不見，在編纂目錄時候並不增設門類位置給通俗小說，而對其所徵引的書目如《總目》及《八千目》所採錄的小說，也摒棄大部分不錄。可以說，章鈺忽略了小說。

今人武作成編纂《補編》時候，能夠把章回小說錄入子部小說，與筆記小說同列其中，可以說打破傳統史志目錄向來不錄通俗小說的成見。武作成收錄筆記小說共 52 部，收錄小說類章回演義則達 135 部，可見其更重視通俗小說。而《拾遺》作爲補撰《清志》及《補編》之作，王紹曾自言以搜羅完備，盡可能補缺脫漏爲編纂宗旨。故其一共增錄多達 54,979 部文獻，其中史部、子部、集部收書皆達上萬種，對小說的收錄也是不遺餘力的。這一點可從其在集部增設小說類，專收翻譯小說、通俗小說，又在集部詩文評類中增設三級目錄，即小說評之屬看出王紹曾對小說重視的程度。王氏對小說的態度與小說在現代文學中舉足輕重的地位是一致的。

二、收書標準

《清志》著錄的標準，以存書爲限。這點頗讓王紹曾不敢苟同。王紹曾認爲原來一代史志目錄限收存書，本無可非議，較之存佚不分者來得更好。

然而，《清志》的情況是特例。這是因爲清人著述，時代距離近，圖書的存佚，本來就不能以一時一地的有無作爲論斷。何況有些書散落在海外，有些則被私人藏書家所藏，視爲珍寶，秘不示人，更糟的情況是有的私人藏書家的子孫，不識其書之珍貴，任意丟棄在廢紙堆中，論斤計值，將之售賣，導致那些好古敏求之士往往只能出入市肆，撿拾殘頁，未能拼湊完全。可見一書或存或佚，難以定論。最好的方法是如朱彝尊撰寫《經義考》時，把古今書籍分別記注存、佚、闕、未見四目，後人皆推尊其爲著錄家之法式。〔註37〕王紹曾指出，中國有許多古文獻，如徐松《元史西北地理考》四大卷手稿本，周世敬《群書綴拾》100卷手稿本，均未見各家著錄，然而日本島田翰曾於陸氏皕宋樓見到這兩本書，並記錄在《訪餘錄》中。除了這兩本書，還有許多書流失東瀛，而流失在歐美圖書館者更是不勝枚舉。〔註38〕以文言小說爲例，韓國各大圖書館或古籍藏書室，如延世大學就收錄了《夜雨秋燈錄（續錄）》，奎章閣則收錄了《秋燈叢話》《諧鐸》《道聽途說》，成均館大學收藏了《螢窗異草》一書。這些書都是在朝鮮末期時傳入韓國。〔註39〕這些小說，都是《清志》所失收的。如果皆需經過目驗，方謂「存書」，則會出現大量的脫漏。當然，《拾遺》也未能收錄許多見存於中國以外的漢籍文言小說。若能將收錄域外漢籍文言小說這一點貫徹始終，相信《拾遺》在子部小說著錄方面，無論是從數量上或質量上來看都能有所提高，而從傳播學的角度來看，對使用者與研究者都將大有裨益。總的來說，王紹曾認爲若要編纂一代史志目錄，則應該將一代典籍網羅無遺，切忌任意刪落。與其掛漏闕佚，寧肯如韓信將兵，多多益善。〔註40〕《清志》與《拾遺》著錄標準上的不同，也造成了兩者之間著錄數量上的懸殊。

小　結

綜上所述，一代史志目錄著錄數量的多寡、脫漏或完備，絕對與其成書的背景、著錄之來源及編纂者的編纂態度及著錄標準相關。可以說，「三志」

〔註37〕王紹曾主編：《清史稿藝文志拾遺・前言》，北京：中華書局，2000年，第14～15頁。

〔註38〕王紹曾主編：《清史稿藝文志拾遺・前言》，北京：中華書局，2000年，第16頁。

〔註39〕〔韓〕閔寬東：《中國古典小說在韓國的研究》，上海：學林出版社，2010年，第152～153頁。

〔註40〕王紹曾主編：《清史稿藝文志拾遺・前言》，北京：中華書局，2000年，第18頁。

之中，《拾遺》佔據了最有利的條件。王紹曾坦言自己比章鈺等人幸運多了，《拾遺》編纂之時，國家太平，社會安定，私家藏書如百川匯海，盡歸國家圖書館、博物館所收藏，流失海外者，又多有書目可供稽考，並可影印流傳，回歸中國，而館藏目錄及各種專科性書目，尤其多不勝數，又指清人著述「黯而復彰」〔註41〕，為千百年來未有之盛業，並感歎往日吳士鑒、章鈺、朱師轍夢寐以求而不可得者，到自己編纂時，可以說是俯拾即是。故時代背景及著錄來源，更切實地影響了一代史志目的編纂。當然，資料越多，整理的難度也越大。對於《拾遺》的脫漏或未能將其他書目網羅殆盡，亦情有可原。

第四章 《清史稿·藝文志》與清代公私書目著錄清代小說之比較

　　為了能還原清代小說著錄的全貌，本文擬對《清志》與官修書目《總目》及清代的私家藏書目錄的清代小說著錄情況進行比較研究。比較不同屬性的書目可以提供我們一個合理的推論空間，並由此進行學術的研究。《利維坦》中的第五章「《論推理與學術》」即說明了這樣一種研究情況：「當一個人進行推理時，他所做的不過是在心中將各部相加求得一個總和，或是在心中將一個數目減去另一個數目求得一個餘數」〔註1〕，而且這些運算法並不限於數字方面，如同「政治學著作家把契約加起來以便找出人們的義務，法律學家則把法律和事實加起來以便找出私人行為中的是和非」。〔註2〕無論什麼事物，只要用得著加減，就用得著推理，而推理的目的就是為了從一個結論推到另一個結論。文獻學亦不例外。本章透過比較多者之間那些被增加的、減去著錄的圖書，我們可以作出許多有力的推論，以便釐清清代小說著錄的大致面貌。

第一節 《清史稿·藝文志》與《四庫全書總目》著錄清代小說之比較

　　關於《清志》的小說著錄研究，目前學界內尚未有相關論文發表，而以

〔註1〕 〔英〕霍布斯著，黎思復、黎廷弼譯，楊昌裕校：《利維坦》，北京：商務印書館，2012年，第27頁。

〔註2〕 〔英〕霍布斯著，黎思復、黎廷弼譯，楊昌裕校：《利維坦》，北京：商務印書館，2012年，第28頁。

目錄學的角度探討《總目》小說著錄研究的文章，亦罕有涉及清代小說部分的。本文就《清志》與《總目》著錄之清代小說作比勘，以瞭解乾隆以前清代小說著錄之全貌。《清志》共著錄 63 部小說，其中成書於 1778 年（四庫館臣結束徵書之年）以後的小說，共計 23 部；清人輯佚前人小說書目則有 18 部，將此兩類不具可比性的排除在外，餘下可考者 22 部。而《總目》清代小說共著錄 34 部，除一部《山海經廣注》在「正目」內，其餘 33 部皆入「存目」。兩相比勘，《清志》之失錄而《總目》存錄的共計 14 部，而《清志》著錄的《總目》不錄的有 8 部。《清志》自謂「取則《明史》，斷自清代，四部分類，多從《總目》，審例訂訛，間有異撰。清儒著述，《總目》所載，捃採靡遺，「存目」稍蕪，斟錄從慎。乾隆以前，漏者補之；嘉慶以後，缺者續之。苟有纖疑，則從蓋闕。」〔註3〕既是一種有選擇性的採錄，則二者之間著錄異同其背後的思想性，則有研究的必要。茲將二書著錄情況列表如下：

表七：《清史稿・藝文志》與《四庫全書總目》著錄清代小說一覽表

作　者	書　名	四庫全書總目		清史稿・藝文志
		著　錄	存　目	
吳任臣	山海經廣注	✓		✓
余懷	板橋雜記		✓	✓
鈕琇	觚賸		✓	✓
王士禎	皇華紀聞		✓	✓
	隴蜀餘聞		✓	✓
王晫	今世說		✓	✓
施閏章	矩齋雜記		✓	✓
鄭與僑	客途偶記		✓	✓
吳肅公	明語林		✓	✓
傅燮詷	史異纂		✓	✓
	有明異叢		✓	✓
梁維樞	玉劍尊聞		✓	✓
章撫功	漢世說		✓	✓
楊志聰	玉堂薈記		✓	✓

〔註3〕 朱師轍：《清史述聞》，上海：上海書店出版社，2009 年，第 93 頁。

宮偉鏐	庭聞州世說		✓	✗
鄒統魯	明逸編		✓	✗
蔡憲升	聞見集		✓	✗
施男	笳竹杖		✓	✗
金維寧	秋谷雜編		✓	✗
黃叔琳	硯北叢錄		✓	✗
陶越	過庭紀餘		✓	✗
李王逋*	蚓菴瑣語		✓	✗
陸圻	冥報錄		✓	✗
金侃	雷譜		✓	✗
吳陳琬	曠園雜志		✓	✗
汪為熹	鄦署雜抄		✓	✗
楊式傳	果報聞見錄		✓	✗
徐慶	信徵錄		✓	✗
徐岳	見聞錄		✓	✗
陳尚古	簪雲樓雜說		✓	✗
王耆	豆區八友傳		✓	✗
陳忱	讀史隨筆		✓	✗
東軒主人	述異記		✓	✗
楊忍本	筆史		✓	✗
汪紱	山海經存	✗		✓
史震林	西清散記	✗		✓
顧炎武	譎觚	✗		✓
汪琬	說鈴	✗		✓
褚人獲	堅瓠集	✗		✓
張潮	虞初新志	✗		✓
冒襄	影梅庵憶語	✗		✓
李漁	古笑史	✗		✓

＊注（1）杜澤遜於《四庫存目標注》中考作者姓名該是王逋，非李王逋。據康熙刻
　　　　《說鈴》本「古橋李王逋胠枕著」，「橋李」為地名，《四庫提要》誤李為姓。
　　注（2）著錄情況依據中華書局 1965 年版《四庫全書總目》及中華書局 1982 年版
　　　　《清史稿藝文志及補編》。

一、《總目》著錄之清代小說

　　根據《總目》卷首所載，「乾隆三十八年五月十七日奉上諭」條說：「擇其中罕見之書有益於世道人心者，壽之梨棗，以廣流傳；餘則選派謄錄，匯繕成編，陳之冊府；其中有俚淺訛謬者，止存書名，匯為《總目》，以彰右文之盛。」〔註4〕又在《凡例》中指出「言非立訓，義或違經」、「尋常著述，未越群流」〔註5〕的著作，一併列入「存目」，以備考核。如此，凡訛謬、俚淺、妄言、違經、平庸的著作，都被一致抑入「存目」，有的是「並斥而存目」，用以彰善癉惡的。小說家向來被認為出自稗官，記錄街談巷語，道聽途說，多被認為僑妄、平庸、俚淺之作，被歸入「存目」也就不足為奇了。然而，四庫「正目」與「存目」所收數量差距之大，本文不得不作出如下之追問：清代小說真的都如此不堪，以至於僅有一部能被列入「正目」之內？為什麼《總目》將餘下 33 部全歸入「存目」呢？歸結原因有二：一是這 33 部小說牴觸了官方編纂《總目》的整體性主導思想；一是不符合紀昀等編纂官的小說觀念。

（一）有悖官方編纂《總目》之著錄標準

　　本文擬從三方面來論述《總目》將佔據清代小說著錄的 97.05% 歸入「存目」之原因：

1. 限制規模與貴遠賤近

　　杜澤遜先生在總結 6,791 種圖書之所以被列入「存目」的 9 條原因中，有「限制規模」、「貴遠賤近」兩條。據乾隆五十一年十六日劉墉奏摺，謂乾隆四十三年至五十年春季，先後招募謄錄人員，尚不包括省督撫學政下屬採辦人員，已達 2,712 人。〔註6〕可見，清政府所耗費的人力、物力，所資巨大。此外，永瑢等《進〈四庫全書〉表》中也有「汪洋無際，慮創始之為難」〔註7〕之語。因此，《存目》中現在看來是寶貴的資料，如史部之雜史、傳記、各省府州縣志，子部之醫家、雜家、小說家，集部之詞曲、別集等，大部分被歸入「存目」。且這些被摒棄在「正目」以外的圖書，更多的是時代較近

〔註4〕　〔清〕永瑢等撰：《四庫全書總目・卷首》，北京：中華書局，1965 年，第 2 頁。

〔註5〕　〔清〕永瑢等撰：《四庫全書總目・卷首》，北京：中華書局，1965 年，第 17 頁。

〔註6〕　《檔案》，第 1928～1929 頁，轉引自杜澤遜撰：《四庫存目標注・序論》，上海：上海古籍出版社，2007 年，第 5 頁。

〔註7〕　〔清〕永瑢等撰：《四庫全書總目・卷首》，北京：中華書局，1965 年，第 10 頁。

的著述。在《于文襄論〈四庫全書〉手札》中，就明確說明《總目》之著錄標準是「寬於元以前，嚴於明以後」〔註8〕。的確，《總目》共計 10,251 種圖書，被收錄的僅有 3,460 種，其餘的 6,791 種都歸入「存目」。而本文統計《總目》中著錄之清代著述，共有 3,493 種，被收錄在「正目」之內的只有 776 種，其餘 2,727 種全退入「存目」，足足佔了 78.07%。對比「正目」與「存目」中的圖書，不難發現，「正目」中大部分是考據類、職官類或前冠有「欽定」、「御定」、「御纂」等字樣的書名。從「限制規模」和「貴遠賤近」來看，清代的著述即必須從嚴刪汰了。「小說」的地位在清代儘管有所提升，但在傳統學術觀念中地位仍屬低下，所以在這樣的選書標準下入選者是少之又少。

2. 壓制民族思想

乾隆年間纂修《總目》，不僅是為了整理古代典籍，實際上更是為了全面檢查傳世的文獻，想藉此徵書運動，全面泯滅民間所醞釀的反清復明思想。可以說，《總目》的存錄與抽毀，都是依據乾隆皇帝的是非標準，把具有反清思想的著作列入違礙毀禁類外，其餘的都區分為「正目」與「存目」兩類。

康熙時的「通海案」和「明史案」，雍乾兩朝的文字獄，對漢族士人而言，可以說是一種政治迫害。明清易代給社會造成了劇烈的震盪，生於明清之際的漢族士人，其生活及命運也備受挑戰，往往得面臨突如其來的殺戮及災禍。異族統治帶來的屈辱和壓迫感，使清初的文字常籠罩在一片淒涼悲哀的氛圍中。〔註9〕對於明之遺民，即「殆其生於明而拒仕於清」〔註10〕者而言，他們的生活處境，更是難堪。其挫折與失落感，比一般士人來得更強烈。仕與不仕，都是兩難的境地。對於清廷而言，那些官仕前朝及清朝的，即便功勳卓著，忠於新主，亦被列為貳臣；先仕清後悔恨失節而背清的，更是不折不扣的貳臣、反覆者。至於那些未仕前朝，後來選擇仕清的漢族士人，則被遺民群體所鄙棄，而清廷政府在有反覆者事例的情況下，亦不可能對這批漢族士人的投誠全然放心，亦勢必對他們的言行舉止、交遊活動倍加關注，如此仕清者在生活中處處受制，不可能得到真正的自由。相反的，選擇不仕的漢族

〔註8〕　〔清〕于敏中：《于文襄論總目手札第‧十八函》，〔清〕于敏中：《于文襄手札》（影印本），北京：國立北平圖書館，1933 年。

〔註9〕　李瑄：《明遺民群體心態與文學思想研究》，成都：巴蜀書社，2008 年，第 135頁。

〔註10〕　謝正光：《明遺民傳記資料索引‧敘例》，上海：上海古籍出版社，1992 年，第 10 頁。

士人，也擺脫不了清廷的屢屢徵召。順治、康熙兩朝，清廷屢頒徵召「山林隱逸」令，又召「博學鴻儒」，此舉除了是以富貴利達作爲誘惑，藉此分化遺民群體，〔註11〕也是爲進一步縮小他們與朝廷的離心力，使之便於朝廷管轄與監控，安皇帝之心。

列奧‧施特勞斯曾說：「當人們的自由受到了壓制，取而代之的便是強制或迫害。」〔註12〕士人在這種境遇中選擇發憤著書。此種傳統由來已久。易代的創痛，使明遺民常處在壓抑憤懣的情緒當中，因此他們的作品常與傳統的文學審美標準「溫柔敦厚」相牴觸。施特勞斯的著作《迫害與寫作藝術》曾論及倘若作家懂得在字裏行間用隱晦的寫作方式，那麼他的著作不僅能夠順利出版、流傳，且能使自己免於政治迫害。且只有少數的細心的讀者能從看似陳詞濫調或顯白的表述中推斷出作者精心挑選的理據，即作者眞實想表達的。〔註13〕那麼，難道這33部清代小說都含有隱晦之意，都具有抗清思想嗎？或許，我們可以避過這個問題，不做個別性的研究，而是從另一個側面考察他們之間存在的共性。就算這些小說未必果眞有反清或控拆、不滿清廷之隱晦之意，但作爲深知上意的四庫館臣，不得不小心翼翼處理，對整個清代，尤其是易代之際的著述，又尤其小說創作的著錄，抱著寧枉勿縱，愼之又愼的心態。

在這種心態下「審閱」圖書，其內心必定異常惶恐、敏感。施特勞斯對迫害下的寫作與閱讀交流進行過分析。他說：「迫害產生出一種獨特的寫作技巧，從而產生出一種獨特的著述類型：只要涉及至關重要的問題，眞理就毫無例外地透過字裏行間呈現出來。這種著述不是寫給所有讀者的，其針對範圍僅限於值得信賴的聰明讀者。它具有私下交流的全部優點，同時免於私下交流最大的弊端：在私下交流中，惟有作者的熟人才能讀到它。它有具有公共交流的全部優點，同時免於公共交流最大的弊端：作者有可能被處以極刑。」〔註14〕當然，也有人據此反駁說：「也許會有一些聰明人，一些細心

〔註11〕 李瑄：《明遺民群體心態與文學思想研究》，成都：巴蜀書社，2008年，第333頁。

〔註12〕 〔美〕列奧‧施特勞斯著，劉鋒譯：《迫害與寫作藝術》，北京：華夏出版社，2012年，第16頁。

〔註13〕 〔美〕列奧‧施特勞斯著，劉鋒譯：《迫害與寫作藝術》，北京：華夏出版社，2012年，第18，198頁。

〔註14〕 〔美〕列奧‧施特勞斯著，劉鋒譯：《迫害與寫作藝術》，北京：華夏出版社，2012年，第19頁。

的讀者，他們並不值得信賴，一旦找出作者，就會向當局告發他。」〔註 15〕
「存目」存錄的小說作者如鈕琇、李王逋、王士禎、金維寧、吳肅公、王晫、
余懷、陸圻、陳尙古、吳陳琬、傅燮詷、鄭與僑、施閨章等，都是生於明清
之際的漢族士人。他們的小說作品往往也被今人解讀成具有反清意識，更別
說處於那個時代的人們。四庫館臣的總纂、編纂都是飽學之士，他們既聰明，
也夠細心，但他們忠誠的對象不是作者，而是皇帝，一旦懷疑著述中有所「隱
晦」，就必然歸於「存目」，更別說那些顯白而遭致禁燬的著作了。

限於篇幅，只以「存目」中的幾部著錄爲例加以探討。鈕琇之《觚賸》，
所記「仕宦名士，才子佳人之逸聞軼事，文藝科技及風土人情，間錄遺詩佚
文，兼及神怪誕說」〔註 16〕，清人周中孚《鄭堂記》卷六十六評曰：「其文
詞皆哀豔奇恣，而記事多近遊戲，故不免喜談神怪，以徵其詭幻，間有裨於
考據者，亦百中之一二耳。」〔註 17〕此書曾因文多違悖，一度被列爲禁書。
鈕琇後來爲了躲避禁令，曾化名爲《說鈴》刊刻發行，但只是部分內容。此
書被禁實則因爲它大量記載了「三藩之亂」「康熙西征」「莊氏明史案」等明
清之際的歷史事件，如正編卷七《粵觚》上《徙民》條記康熙十三年續遷五
縣沿海之民所造成的惡果，述當時清廷「先畫一屆而以繩直之，其間多有一
宅而半棄者，有一室而中斷者，濬以深溝，別爲內外，稍逾趺步，死即隨之，
遷者委居捐產，流離失所」〔註 18〕的現象。吳肅公的《明語林》也被認爲是
「清初具有遺民傾向的志人小說之一，書中通過追念明代人物事蹟，抑此揚
彼，間接表達對清政府的消極態度。」〔註 19〕吳肅公乃明末諸生，入清後不
事進取，曾云：「宋之天下亡於蒙古，而人心不與之俱亡。」〔註 20〕故其著
述 5 種，全被《總目》退入「存目」。鄭與僑《客途偶記》所記述者，亦是
明末所見所聞，多忠義節烈之事，其《義犬》《義貓》《義象》皆是虛構一些
忠於主人，懂得知恩圖報的動物寓言故事，向來被認爲其借動物之忠誠以愧

〔註 15〕　〔美〕列奧・施特勞斯著，劉鋒譯：《迫害與寫作藝術》，北京：華夏出版社，
　　　　　2012 年，第 19 頁。
〔註 16〕　來新夏：《清人筆記隨錄》，北京：中華書局，2005 年，第 91 頁。
〔註 17〕　〔清〕周中孚撰：《鄭堂讀書記》，《續修四庫全書》本，0924 冊，上海：上海
　　　　　古籍出版社，1996 年，第 170 頁。
〔註 18〕　〔清〕鈕琇：《觚賸》，上海：上海古籍出版社，1986 年，第 141 頁。
〔註 19〕　朱一玄、寧稼雨、陳桂聲編著：《中國古代小說總目提要》，北京：人民文學
　　　　　出版社，2005 年，第 358 頁。
〔註 20〕　〔清〕吳肅公撰，陸林校點：《明語林》，合肥：黃山書社，1999 年，第 251 頁。

背主者，有強烈的民族思想及遺民意識。〔註21〕

可見，易代之際的迫害嚴重，易代之際的寫作艱難。易代之際的作品在官方的控制下，能夠著錄於史志目錄中的相應就較正常時代少了許多，這就造成了書籍的亡佚。

（二）不符合紀昀等的小說觀念

《總目》雖非個人之作，但後世研究者一般認爲紀昀任總纂時候，「每進一書，仿劉向、曾鞏例，作提要，冠諸簡首。又撰全書《總目》、存書《存目》，幾至萬餘種，皆一手所定。」〔註22〕另外，孫楷第先生也指出，紀昀常自稱「余撰《總目提要》」云云，且仁宗亦謂「昀辦理《總目》，始終其事，十有餘年，甚爲出力」，因此孫氏認爲《總目》都得到紀昀的基本認可，進而認爲子部亦出紀昀手。〔註23〕本文就《總目》的小說提要及《閱微草堂筆記》中關於小說觀念的敘述進行了研究，發現兩者對於小說的觀點是非常契合的。因此，可以說《總目》的小說觀念，即反映了紀昀的小說觀念。

首先，紀昀認爲小說應具有「寓勸誡，廣見聞，資考證」的功能。《總目》子小說家類提要論及小說有三派：一、敘述雜事；二、記錄異聞；三、綴輯瑣語。又說：「唐宋而後，作者彌繁，中間誣謾失眞，妖妄熒聽者，固爲不少，然寓勸誡，廣見聞，資考證者，亦錯出其中……固不必以冗雜廢矣」。〔註24〕紀昀在其小說著作《閱微草堂筆記》中，亦多次表達了這一思想，如「小說稗官，知無關於著述；街談巷議，或有益於勸懲。聊付抄胥存之，命曰《灤陽消夏錄》云爾」〔註25〕，小說內容應該「大旨期不乖於風教」，且不容「懷挾恩怨，顚倒是非」〔註26〕。以上諸條都說明了小說應具有「勸懲」的功能，符合了子部以「議」爲宗，素有指導生活的責任。故凡無益於世道，有惑人心之小說，皆被罷黜不載。《山海經廣注》能夠列入小說類「正目」內，正因《山海經》符合了這項標準，《總目》又將所有關於《山海經》的文獻整理都一併同歸小說類。《清志》也一樣，把《山海經箋疏》《圖贊》與

〔註21〕 朱一玄、寧稼雨、陳桂聲編著：《中國古代小說總目提要》，北京：人民文學出版社，2005年，第355頁。

〔註22〕 任松如：《四庫全書答問》，上海：上海書店，1992年，第25頁。

〔註23〕 孫楷第：《戲曲小說書錄解題》，北京：人民文學出版社，1990年，第47頁。

〔註24〕 〔清〕永瑢等撰：《四庫全書總目》，北京：中華書局，1965年，第1182頁。

〔註25〕 〔清〕紀昀：《閱微草堂筆記》，上海：上海古籍出版社，1980年，第1頁。

〔註26〕 〔清〕紀昀：《閱微草堂筆記》，上海：上海古籍出版社，1980年，第359頁。

《讀山海經》等都一併列入小說類。

其次，小說雖非經史，但亦應重視體例。紀昀門人盛時彥曰：「不明著書之理者，雖詰經評史，不雜則陋；明著書之理者，雖稗官脞記，亦具有體例。先生嘗曰：『《聊齋誌異》盛行一時，然才子之筆，非著書者之筆也。虞初以下，干寶以上，古書多佚矣。其可見完帙者，劉敬叔《異苑》、陶潛《續搜神記》，小說類也。《飛燕外傳》《會眞記》，傳記類也。《太平廣記》，事以類聚，故可並收。今一書而兼二體，所未解也。』」〔註27〕其三，紀昀反對士人借小說相互標榜，又或相互攻擊而有傷忠厚，或描摹才子佳人而有失禮教。盛時彥在《閱微草堂筆記序》中證實了這一點：「河間先生以學問文章負天下重望，而天性孤直，不喜以心性空談，標榜門戶；亦不喜才人放誕，詩社酒社，誇名士風流。」〔註28〕鄭開禧亦云：「今觀公所著筆記，詞意忠厚，體例嚴謹，而大旨悉歸勸懲，殆所謂是非不謬於聖人者與！雖小說，猶正史也。公自云：『不顚倒是非如《碧雲騢》，不懷挾恩怨如《周秦行紀》，不描摹才子佳人如《會眞記》，不繪畫橫陳如《秘辛》，冀不見擯於君子。』」〔註29〕可見，《總目》之所以拒收《聊齋誌異》，就是因爲蒲松齡描寫了許多「燕昵之詞、媟狎之態，細微曲折，摹繪如生」〔註30〕。在紀昀的觀念裏，這些都是「猥鄙荒誕，徒亂耳目」的。

然而，若一部小說作品，雖猥雜、訛謬，卻也不失教化，《總目》又是如何處置的呢？綜觀其所著錄，仍然是在這條「寬於元以前，嚴於明以後」的原則下操作。稍有不合紀昀小說觀念的，即便符合小說的首要標準，即能「寓勸誡，廣見聞，資考證」，亦被退入「存目」中。其「小說家類存目提要」大抵包含三種：一、未加褒貶；只作簡要的介紹，如《述異記》《史異纂》《豆區八友傳》，此類大抵屬平庸之作；二、有褒有貶；雖多處不符合紀昀小說觀念，但仍具指導生活的意義，有益世道人心的作品。提要中指出《玉堂薈記》《蚓庵瑣語》《曠園雜誌》《簪雲樓雜說》可資考證；《冥報錄》《雷譜》《果報聞見錄》能夠「寓勸誡」等；三、貶斥較多的：懷挾恩怨，言辭有傷忠厚，多鄙謔穢語的，如《玉堂薈記》《秋谷雜編》；文章凄縟，足以導欲增非，如《板橋雜記》；誣妄不實、俚淺訛謬，如《聞見集》《明逸編》《玉

〔註27〕〔清〕紀昀：《閱微草堂筆記》，上海：上海古籍出版社，1980年，第472頁。

〔註28〕〔清〕紀昀：《閱微草堂筆記》，上海：上海古籍出版社，1980年，第567頁。

〔註29〕〔清〕紀昀：《閱微草堂筆記》，上海：上海古籍出版社，1980年，第558頁。

〔註30〕〔清〕紀昀：《閱微草堂筆記》，上海：上海古籍出版社，1980年，第472頁。

劍尊聞》；荒誕不經，如《信徵錄》；有失體例，如《庭聞州世說》《明語林》《硯北叢錄》《漢世說》《有明異叢》等；標榜太甚，如王晫之《今世說》。

二、《清志》之失錄與《總目》之著錄

《清志》之失錄與《總目》之著錄，共計 14 部。目前，本文未見有關於《清志》的研究專著，論文方面則多是屬於訂誤、辯證之類的內容。因此，本文嘗試將可佔有的文獻進行比勘，作出合理的推論。

（一）採書限制

《清志》的失錄，本來就是其書問世後被人所詬病的不足之處。正因如此，才出現了武作成及王紹曾之補志工作。《清史稿》纂修之時，處於動盪時局，眾多圖書遭商賈及列強買賣掠奪，經費也面臨匱乏。因此，史館一度陷入全局停頓。在採書方面也不太順利。朱師轍曾憶述當時欲編《清志》時，唯有京師大學堂及江浙圖書館將其所藏書目送清史館，其餘多未送，故在編修《藝文志》時未能利用到有利資源。相反，各種方略、內外大臣奏疏、天文地理諸志、各省方志、各種書簿、各種官職表方面，資料極為豐富。各省呈送省志、州縣志等為數不少，京師圖書館所存乾隆前地志又多。〔註 31〕《清史稿》史部地理類一項著錄便達 816 部。可見，著錄的數量與著錄的資料來源的多寡是成正比的。當然，由於材料的有限，因而無法斷定《清志》對於《總目》清代小說的失錄，是不是全然與所佔資源有限未能目驗有關，但可以肯定的是，這必然是其中一個影響因素。

（二）分類不一

小說徘徊在子、史之間，由來久矣。胡應麟作為文言小說理論家，就曾論及於此：

> 小說，子書流也。然談說道理，或近於經，又有類注疏者；紀述事蹟，或通於史，又有類志傳者。他如孟棨《本事》、盧瓌《抒情》，例以詩話、文評，附見集類，究其體制實小說者流也。至於子類雜家，尤相出入。鄭氏（指鄭樵）謂古今書家所不能分有九，而不知最易混淆者小說也。〔註32〕

〔註31〕朱師轍：《清史述聞》，上海：上海書店出版社，2009 年，第 4～41 頁。
〔註32〕〔明〕胡應麟：《少室山房筆叢・九流緒論》，上海：上海書店出版社，2001 年，第 282 頁。

　　故各史志目錄中難免出現分類不一的情況。《總目》所錄清代小說《鄢署雜抄》及《豆區八友傳》，《清志》將前者歸入史部地理類雜誌之屬，後者歸入子部譜錄類食用之屬。

　　對於《鄢署雜抄》，《總目提要》評曰：「國朝汪為熹撰，為熹字若木，桐鄉人。康熙末官鄢陵知縣，欲修縣志而未果。因摭其地之遺聞瑣事，綴為此書，《自序》稱事涉鄢陵者十之六七，涉省郡別州縣者十之三四，合以身之所歷，目之所睹，得十四卷。大抵多採稗官說部一切神怪之言。蓋本儲地志之材，而翻閱既多，掇摭逐濫；又嗜奇愛博，不忍棄去，乃裒而成帙，別以『雜鈔』為名，是特說部之流。」〔註33〕《總目》將之歸入小說，是一種退置的處理方式。汪為熹本來是欲修縣志的，最後卻只是摭拾當地的逸聞軼事，其中多有神怪之言。汪為熹自云：「乍閱之（指《鄢署雜抄》）似《鄢志》補注；細閱之，為祥為妖，可喜可愕。異時重修《鄢志》與省會郡邑志，不無數十條可備採擇」。〔註34〕有鑑於此，四庫館臣認為其成書以前並未實踐史學考證之精神，因嗜奇愛博，不忍棄去而導致掇摭逐濫，且又符合資考證之小說標準，因此退入小說家類。《清志》歸入史部地理類，則該是視其書名、體例，及其所記地理內容而定的。本文從作者《自序》出發，認為《總目》之定位，更為恰當。

　　至於《豆區八友傳》，《清志》的歸類更加妥當。《總目》提要解釋道：「以製造菽乳，其名有八，因呼八友。各為寓名而傳之，蓋遊戲之小品。」〔註35〕寧稼雨亦指此書為清代俳諧小說集，故將之歸入小說類。〔註36〕雖然此書形式上屬於俳諧類，但書中所記實關乎豆腐的製作，因此歸在譜錄類食用之屬，顯然更為適宜。另外，雖然《清志》未著錄陳忱《讀史隨筆》，但就《清志》的著錄內容來看，即便著錄，將之列入小說類的可能性亦極小，當在史部類。綜觀《清志》中類似的作品，如《讀史筆記》《讀史箚記》，都被列入史部史評類；《讀〈戰國策〉隨筆》列入史部雜史類；《讀詩隨記》《讀詩或問》列入經部詩類；《讀書筆記》《讀書隨筆》《讀書雜記》則歸入子部雜家類。顯而易見，其著錄標準取捨在於作者著述所記錄之內容，非以書寫

〔註33〕〔清〕永瑢等撰：《四庫全書總目》，北京：中華書局，1965年，第1232頁。
〔註34〕〔清〕汪為熹撰：《鄢署雜抄》，劉利主編，北京師範大學圖書館編：《北京師範大學圖書館藏稀見方志叢刊》，北京：北京圖書館出版社，2007年，第1頁。
〔註35〕〔清〕永瑢等撰：《四庫全書總目》，北京：中華書局，1965年，第1235頁。
〔註36〕寧稼雨：《中國文言小說總目提要》，濟南：齊魯書社，1996年，第431頁。

形式或類型而言。可以說，依據《清志》編纂者的著錄標準，這類的讀書筆記都不隸屬於小說家門下。《總目》則不同，類似著述惟有陳忱《讀史隨筆》被列入小說類雜事之屬，其餘如《讀史管見》《讀史辨惑》列入史評類；《讀書偶記》列入儒家類、《讀書樂趣》列入雜家類等，看起來未有清晰且統一的標準，惟有兼及提要及文本的閱讀研究，才能定論、判斷《總目》關於此類著述的著錄標準及其分類問題。

三、《清志》之著錄與《總目》之不錄

　　《清志》著錄而《總目》未著錄的共計 8 部，即顧炎武《譎觚》、褚人獲《堅瓠集》、張潮《虞初新志》、冒襄《影梅庵憶語》、李漁《古笑史》、汪琬《說鈴》、史震林《西清散記》及汪紱《山海經存》。後二部小說，雖脫稿於乾隆徵書以前，然由於前者刊刻在後，後者書板遭火毀，1778 年作者去世前，亦是徵書之年結束時才重新修訂，故不予比較。

　　顧炎武之《譎觚》，《清志》列入小說家類，考《總目》之著錄，原是將其歸入史部地理類存目。《譎觚》乃顧炎武素日讀經史所作的筆記，日積月累，遂成卷帙。書中詳考十事，如「淄川非薛」、辯「淮河」一事、考「泰山無字碑」一事等，皆有補於史部地理志。《寧氏目》亦將《譎觚》調整到書中所附《剔除書目》中，認爲其書皆爲考證之語。〔註 37〕未知《清志》及袁行霈、侯忠義《中國文言小說書目》列入小說家類之根由。

　　至於上述其他書目，《總目》之未錄，大抵原因有二：一、不錄傳奇小說；二、其書或書中所記人物爲清廷禁忌。魯迅早指出自紀昀重新整理小說之分類時，不著錄傳奇。〔註 38〕在眾多小說類型中，傳奇小說被認爲是抒憤之作，致「以卑亂尊」且「敗壞綱常」；又多描摹刻畫男女之豔情、邪淫之事，被視爲足以使人「心迷意亂」「亂人情操」的淫書。〔註 39〕所以，紀昀認爲「誨淫導欲之書，以佳人才子相矜者，雖紙貴一時，終漸歸湮沒」〔註 40〕。王利器所著《元明清三代禁燬小說戲曲史料》從清人文集中所摘條目如「禁用傳奇小說入文」「傳奇小說爲孽」「一切傳奇小說不許私借」「傳奇小說最易惑

〔註 37〕寧稼雨：《中國文言小說總目提要》，濟南：齊魯書社，1996 年，第 451 頁。

〔註 38〕魯迅：《中國小說史略》，《魯迅全集》，北京：人民文學出版社，2010 年，第 10 頁。

〔註 39〕王利器輯錄：《元明清三代禁燬小說戲曲史料》，上海：上海古籍出版社，1981 年，第 276 頁。

〔註 40〕〔清〕紀昀：《閱微草堂筆記》，上海：上海古籍出版社，1980 年，第 568 頁。

人」﹝註41﹞等都說明了清廷及士大夫對傳奇小說的鄙視與偏見，也說明了《總目》不錄傳奇小說之根由。然而，傳奇小說在清末民國年間卻得到了空前的發展，張振國計算晚晴以後各個時期的志怪傳奇小說集的數量，即道光後期11 部，咸豐時期 13 部，同治時期 19 部，光緒前中期 46 部，清末民初 41 部。﹝註42﹞晚清時期，新的革命運動興起，西方文明入侵，為傳奇小說的創作和發展帶來新的條件。這一時期出現的小說作家和傳奇小說作家數量空前，作家身份包括上下階層文人以及編輯、記者、改良家、文學革命家等，許多小說家都是兼寫傳奇小說的。﹝註43﹞傳奇小說，不再被認為是不入流的，縱然一書而兼二體，以傳奇入文，明清之際的敏感之作，都不再入禁忌之列。《清志》將之著錄在內，不足為奇。且這幾部著作都多犯禁忌，如揭露滿清初入關以後所引起的各種社會弊端，收錄了清政府所禁忌的作者之作品。本文揣測文人之間的牽連之禍影響各別作者的著述被列入禁忌之列，是有根據的。杜澤遜先生指出《總目》中最受痛恨的兩個人是王洙和李贄。李贄的罪過在「排擠孔子，別立褒貶」，《總目》指李贄是名教之罪人，故其著作全都入「存目」，焦竑因推崇李贄，大部分著作也只得屈居「存目」。﹝註44﹞《熙朝名臣實錄》提要便云：「所附李贄評語，尤多妄誕，不足據為定論也。」﹝註45﹞以下對幾部小說分別論述，為之佐證。

　　張潮《虞初新志》是一部文言小說選集，書中所收包括傳奇小說，而且傳奇小說所佔篇幅最多。《虞初新志》被收錄在《四庫禁燬書叢刊》子部書目內。﹝註46﹞觀其封頁上，蓋有一個印文為「謹遵飭禁書目將錢謙益文三篇抽板送浙江書局銷毀訖特白」之刻印。而書中所收作品的作者如吳偉業、周亮工，與錢謙益一樣，在乾隆皇帝敕命編纂的《清史列傳‧貳臣傳》中皆榜上有名。《虞初新志》也收入了李漁之作品。李漁著述頗豐，《總目》卻無一著錄，而且其《四六初征》及《尺牘初徵》這兩部書被列在四庫禁燬書中，

﹝註41﹞王利器輯錄：《元明清三代禁燬小說戲曲史料‧目錄》，上海：上海古籍出版社，1981 年。

﹝註42﹞張振國：《晚清民國志怪傳奇小說集研究‧緒論》，南京：鳳凰出版社，2011年，第 13 頁。

﹝註43﹞薛洪勣：《傳奇小說史》，杭州：浙江古籍出版社，1998 年，第 366～367 頁。

﹝註44﹞杜澤遜：《四庫存目標注‧序論》，上海：上海古籍出版社，2007 年，第 13頁。

﹝註45﹞〔清〕永瑢等撰：《四庫全書總目》，北京：中華書局，1965 年，第 559 頁。

﹝註46﹞王鍾翰主編：《四庫禁燬書叢刊》，子部 038 冊，北京：北京出版社，1997 年，第 413～684 頁。

〔註47〕更遑論其小說著作《古笑史》了。在「限制規模」與「貴遠賤近」的前提下，四庫館臣自然更不會將這類滑稽小說存錄在案。且當時以維持封建倫理道德自居的士大夫及清廷，對李漁更是恨之入骨。李漁的白話小說、戲曲創作及小說戲曲理論著作對社會都起著有重大的影響，〔註48〕這種影響對清政府的權威而言，是一種威脅，所以那些收錄李漁作品的文獻自然也要銷毀。對李漁的貶抑評價，亦見於當時著述，且看董含《三岡識略》卷四「李笠翁」條：

> 李生漁者，自號笠翁，居西子湖。性齷齪，善逢迎，遨遊縉紳間，喜作詞曲及小說，備極淫褻。常挾小妓三四人，遇貴遊子弟，便令隔簾度曲，或使之捧觴行酒，並縱談房中術，誘賺重價。其行甚穢，真士林中所不齒者。予曾一遇，後遂避之。夫古人綺語猶以為戒，今觀《笠翁一家言》，大約皆壞人倫、傷風化之語，當墮拔舌地獄無疑也。〔註49〕

在這樣的情況下，《虞初新志》自是不能留了。因文字忌諱而受牽連、毀書的，在當時並不少見。根據《清代各省禁書匯考》一書，就記載了山東省凡 3 次共奏繳 36 種書，如《四書繹注》記「內多引呂留良評品詩文之語」〔註50〕、《廣東詩粹》記「卷八卷九內引屈大均、錢謙益批語。鏟燬。餘書仍行世」〔註51〕、《定山堂詩集》記「內有錢謙益序文」〔註52〕。除此之外，湖南省上奏繳書《說鈴》，指其「內有屈大均登華記。應銷毀」〔註53〕，又如江西省上奏請求剷除、抽禁張潮的《虞初新志》一書，因「內有錢謙益、吳偉業著作」〔註54〕等，皆說明了牽連之禍與禁書的內在聯繫。

作為《世說》的仿作，汪琬之《說鈴》被刪汰，而其他仿作如《玉劍尊聞》《今世說》《漢世說》及《明語林》尚能存目。《說鈴》有如此遭遇，很可

〔註47〕 王鍾翰主編：《四庫禁燬書叢刊》，集部 134，153 冊，北京：北京出版社，1997年，第 617，499 頁。

〔註48〕 朱一玄、寧稼雨、陳桂聲編著：《中國古代小說總目提要》，北京：人民文學出版社，2005年，第 349 頁。

〔註49〕 〔清〕董含撰，致之校點：《三岡識略》，瀋陽：遼寧教育出版社，2000年，第 83 頁。

〔註50〕 雷夢辰：《清代各省禁書匯考》，北京：書目文獻出版社，1989年，第 4 頁。

〔註51〕 雷夢辰：《清代各省禁書匯考》，北京：書目文獻出版社，1989年，第 4 頁。

〔註52〕 雷夢辰：《清代各省禁書匯考》，北京：書目文獻出版社，1989年，第 4 頁。

〔註53〕 雷夢辰：《清代各省禁書匯考》，北京：書目文獻出版社，1989年，第 42 頁。

〔註54〕 雷夢辰：《清代各省禁書匯考》，北京：書目文獻出版社，1989年，第 99 頁。

能因爲汪琬作品中論及周亮工，或者在「限制規模」的前提下，《總目》作出選擇性的刪汰，將較爲平庸之作罷黜。按今日之研究文言小說的史料看來，罕有論及《說鈴》一書。

冒襄的《影梅庵憶語》亦是一本傳奇小說，且冒襄作爲明之遺民，屢獲清廷舉薦，皆以「親老」「足疾」爲由而堅拒不仕。〔註55〕此書從一個側面展示了明末清初社會動亂的圖景，揭發明末社會上層的腐敗、明末勞動人民對統治階級的反抗，更大膽地控訴了滿清統治集團進入江南時，初下剃髮令，打著「留頭不留髮，留髮不留頭」的旗號，在執行命令時對漢族同胞展開的血腥暴行。冒襄還如實記錄了他的夫人董小宛如何恨透了滿清貴族，並時時提醒夫君無論如何不應詔、不作官。〔註56〕冒襄此書，字裏行間毫無隱晦，自然是連「存目」亦不得而入。

褚人獲之《堅瓠集》則主要記述明代及清初見聞。來新夏給予此書高度評價，認爲「是書雖輯前代掌故逸聞較多，然所涉及清初時事，多爲親歷目睹，頗足徵信」〔註57〕，又說：「若有人進而排比全書目錄，匯成一編，則舊聞掌故，更便一索而得。」〔註58〕既然是書符合「寓勸誡，資考證，廣見聞」之標準，何以《總目》不錄？可能之原因有二：一是述及時事，揭露黑暗政治，嚮往清平世界的內容；〔註59〕一是書中如《婦散重婚》《姑嫂成婚別》等條中，揭露青年男女不能追求愛情自由，往往受制於社會動亂、封建綱常倫理或「父母之命，媒妁之言」的古訓，展現出民主精神的萌芽。紀昀認爲小說有「議」，即指導生活的責任，並且反對描摹才子佳人的故事，況且《總目》著錄標準之一就是不刊刻那些有違封建倫理道德的圖書。〔註60〕傳統的封建倫理道德特別重視君臣父子，封建禮教，那些歌頌愛情自由，對無奈而遵循父母之命的情侶表示同情的故事，即是「離經叛道」之作，自然只能退入「存目」或不錄。《清志》之小說著錄還有重複著錄的問題，如王

〔註55〕李瑄：《明遺民群體心態與文學思想研究》，成都：巴蜀書社，2008年，第410頁。

〔註56〕蕭相愷主編：《中國文言小說家評傳》，鄭州：中州古籍出版社，2004年，第589～599頁。

〔註57〕來新夏：《清人筆記隨錄》，北京：中華書局，2005年，第120頁。

〔註58〕來新夏：《清人筆記隨錄》，北京：中華書局，2005年，第122頁。

〔註59〕朱一玄、寧稼雨、陳桂聲編著：《中國古代小說總目提要》，北京：人民文學出版社，2005年，第372頁。

〔註60〕杜澤遜：《四庫存目標注‧序論》，上海：上海古籍出版社，2007年，第12頁。

士禛《隴蜀餘聞》，既著錄在史部地理類雜誌之屬，又著錄在子部小說家類；施閏章《矩齋雜記》則同時著錄在子部雜家類雜考之屬及子部小說家類。類似失誤，亦見於《清志》其他部類。

總而論之，本文對《總目》與《清志》著錄之清代小說進行比較，共發現並解決了三個問題：一、《總目》只將一部《山海經廣注》列入「正目」，其餘 33 部皆入「存目」。這與《總目》編纂的主導思想有關，在限制規模、貴遠賤近及壓制民族思想等主要因素的情況下進行選錄，學術地位相對來說較爲卑微的小說，又屬於易代創作之際的近代小說，自然不可能位處「正目」。另外，由於清代小說的著述內容及創作體例、思想等，與紀昀等人的小說觀念多有牴觸與悖逆，因此被退入「存目」。二、《清志》失錄而《總目》著錄的，共計 14 部。《清志》著錄的缺漏與其編纂背景有莫大關係，在動盪不安、經費不足、列強掠奪書籍等情況下，史館面臨採書的困難。後來的補志工作，如《清史稿藝文志補編》及《拾遺》的產生，便是例證。此外，小說觀念的不同而導致分類不一，也是其中一個原因。三、《清志》著錄而《總目》之不錄的共有 8 部。除了分類不一的因素導致差異，也因爲《總目》不錄傳奇，並將含有離經叛道思想的小說或是記載了貳臣、悖逆之人等人物的小說一概摒除在外。而《清志》編纂時，傳奇小說的創作空前繁盛，被普遍認可，其時更沒有明清易代之際的敏感問題存在，故著錄情況有所不同。

第二節　《清史稿・藝文志》與清代私家書目著錄清代小說之比較

上文已就《清志》與官修書目《總目》做比較研究，爲求全面，本文也嘗試針對清代私家書目的清代小說著錄進行比較研究，求其異同處，試圖瞭解清代小說的著錄全貌。就本文所見，童慶松先生曾作類似研究，他的《明清史家對「小說」的分類及其相關問題》〔註61〕著重探討了明清史家和官私書目對子部小說家類的分類問題，私家書目對通俗小說的分類與著錄，進而分析其分類標準及原因。同時，他的論文也論述了小說家類與子部雜家、史部雜史傳等類的關係，然而限於篇幅，無法作更深入的研究。

〔註61〕 童慶松：《明清史家對「小說」的分類及其相關問題》，《浙江學刊》，1988 年第 4 期，第 101～104 頁。

　　清代私家藏書目錄甚多，不下數十種。那些僅著錄宋元版本的私家書目，或沒有著錄清代小說的私家書目，如《述古堂書目》《讀書敏求記》《汲古閣珍藏秘本書目》《絳雲樓書目》《愛日精廬藏書志》《皕宋樓藏書志》《善本書室藏書志》自然不在本文的研究範圍內。清代私家書目中，亦有部分是完全不著錄小說的，如《季滄葦書目》《藏園群書經眼錄》等。經考察，符合比較條件的至少有 8 種，下面依序列下書名及其清代小說著錄數量：①丁立中編《八千卷樓書目》（151 部）、②莫友芝《藏園訂補郘亭知見傳本書目》（47 部）、③孫星衍《孫氏祠堂書目》（31 部）、④周中孚《鄭堂讀書記》（25 部）、⑤金檀《文瑞樓藏書目錄》（25 部）、⑥徐乾學《傳是樓書目》（18 部）、⑦李慈銘《越縵堂讀書記》（10 部）及⑧馬瀛《吟香仙館目》（5 部）。

　　八家私家藏書目錄中，成書於清朝前期（順治、康熙、雍正時）的有《傳世目》（⑥）；成書於中期即乾隆、嘉慶、道光年間的有《傳本書目》（②）、《孫氏目》（③）、《鄭堂記》（④）、《文瑞目》（⑤）及《吟香仙目》（⑧）；成書於後期（同治、光緒、宣統時期）的私家書目則是《八千目》（①）及《越縵堂記》（⑦）。《清志》成書在後，更接近近代人的小說觀念，故有許多以雜記、雜錄、筆談、隨筆形式寫作的作品被歸入雜家類，而非小說類，如《定香亭筆記》《訂訛雜錄》《古夫子亭雜錄》《柳南隨筆》《仁恕堂筆記》《日知錄》等。上述作品，亦未見今人劉世德主編的《中國古代小說百科全書》（以下簡稱「《劉氏百科全書》」）之列。而《清志》中視之為雜家類作品的，如《寄園寄所寄》《香祖筆記》《人海記》《柳南隨筆》《茶餘客話》《竹葉亭雜記》《瑣記》等雜錄形式的作品，按照寧稼雨編纂的《中國文言小說總目提要》（以下簡稱「《寧氏目》」）的分類，則被歸入小說家雜俎類。雜俎是一種文言小說的體裁。起源於西晉張華的《博物志》，是一種分門別類的志怪小說。其內容博雜，是一種彙集異聞、雜事、考證於一編的筆記。這些作品，經常游移在子部小說家雜俎類或雜家類之間。本文比較《清志》與八家私家藏書目錄，羅列以下各種情況，加以分析：

一、《清志》與八家私家藏書目錄小說著錄之異同

　　《清志》與八家私家藏書目錄著錄的小說總數，除去重複者，共有 287 部作品。《清志》不錄，而八家私家藏書目錄著錄的小說作品，除去重複者，共有 198 部。而《清志》著錄的小說作品，八家私家藏書目錄不錄的，共有

12 部，即《筆談》《池上草堂筆記》《讀山海經》《關隴輿中偶憶編》《譎觚》《客途偶記》《客話》《弄話》《山海經存》《史異纂》《藤陰雜記》及《有明異叢》。

　　讓人產生疑惑的是，爲什麼八家私家藏書目錄總共有多達 198 部的小說作品未被《清志》著錄在內呢？這 198 部作品，按今人的標準進行取捨，又會是什麼樣的情況呢？本文擬以在今人文言小說書目編纂中的《寧氏目》所附的《剔除書目》，作爲我們探討《清志》著錄差異的參照。

表八：《清志》未收八家私家藏書目錄之小說著錄表

圖書名稱	八家小說著錄	補編	拾遺	寧氏目	
				正目	剔除書目
					書目提要（據寧氏目）
百花彈詞	①				
瓣香外集	①			✓	內容爲述花卉諸事，並非小說。
白門新柳記	①			✓	
徹剩	⑥				
蟲（矛隻）軒筆記	②				
塵餘	①	✓			
藏山稿外編	①	✓	✓		
長恨歌圖說	①				
成語	①			✓	此書考證成語出處及含義等，非小說。
潮嘉風月記	①	✓			
陳子旅書	⑤				
陳無功雜著	⑤				
對山書屋墨餘錄	②	✓	✓		
讀史稗語	②				
東皋雜抄	①⑦			✓	
東齋脞語	⑧			✓	內容爲考證議論類文章。
東城雜記	⑧			✓	
滇行日錄	③				
嗒史	①			✓	

獨悟庵叢鈔	①				
盾筆隨聞錄	①			✓	案：《寧氏目》著錄《盾鼻隨聞錄》。
豆棚閒話	①				
第十一段錦彈詞	①				
妒律	①				✓	書中談論妒忌之事，未論及小說。
讀書一得	⑤				
耳食錄	①⑦	✓		✓	
扶風傳信錄	①②		✓	✓	
縠水談林	⑥				
果報聞見錄	④		✓	✓	
古秀溪所聞	②				
骨董志	③				
過庭紀餘	①		✓	✓	
高辛硯齋雜著	①		✓	✓	
官話	①		✓		✓	寧稼雨認為該是探討語言的書。
匯書初編	⑥				
寒夜錄	②				
紅樓夢	⑦				
黃孝子紀程	③				
侯鯖新錄	①		✓		
禾中災異錄	①			✓	
活閻羅斷案	①				
花底拾遺	①				✓	書記妓院諸事，並非小說。
杭俗遺風	①				✓	內容關乎風俗，並無故事。
畫舫餘談	①		✓（譚）	✓	
海鷗小譜	①		✓		
荊園小語	⑥				
矩學雜記	④				
井蛙雜記	①②			✓	
見聞錄	①②④⑤		✓	✓	

見聞隨筆續筆（齊學裘撰）	②		✓	✓	
晉人麈	①			✓	
鷦園隨筆	①		✓	✓	
見聞近錄	①		✓	✓	
椒生隨筆	①			✓	
金壺浪墨、遯墨、逸墨、醉墨、戲墨、淚墨（心影）			✓（《戲墨》、《心影》）	✓	《寧氏目》著錄《金壺七墨》。
記聞類編	①			✓	
景船齋雜記	①				✓	書中雜記典章制度及地方風俗等，非小說之體。
集蘇百八喜箋序目	①				✓	寧稼雨據書名度認為與書札箋文有關。
酒史	⑤				
曠園雜誌	④		✓	✓	
客窗偶談	①				✓	其書記廠衛典制，並無小說。
客窗摘覽	①			✓	
客窗偶筆	①	✓		✓	
酈齋雜記	①		✓	✓	
六合內外瑣言	②	✓		✓	
兩晉清談	②		✓	✓	
柳崖外編	②			✓	
龍威秘書	③				
灤陽消夏錄	②				
廖莫子雜識	①			✓	
里乘	①		✓	✓	
涼州異物記	①				
聊齋誌異	①	✓		✓	
聊齋誌異拾遺	①		✓	✓	
鹿革囊	①			✓	
賴古堂藏書十種	⑤				
明世說	⑥				

冥報錄	①④		✓	✓	
閩中錄異	④		✓	✓	
穆天子傳，附錄	②				
穆天子傳補注	②				
夢闌瑣筆	①			✓	
夢廠雜著	①			✓	
明齋小識	①			✓	
夢餘筆談	①		✓	✓	
埋憂集，續集	①		✓	✓	
明僮合錄	①				✓	其書記梨園掌故，罕見故事。
秘藻集	⑤				
女世說	①		✓	✓	
諾皋廣志	①		✓	✓	
逆黨禍蜀記	①		✓		✓	此書記載蜀中亂事，全爲史筆。
弄譜	①				
稗勺	①		✓	✓	案：《寧氏目》著錄《裨勺》。
潛園集錄（彭希涑輯）	②				
渠丘耳夢錄	②	✓		✓	
邛竹杖	④⑤				✓	今未見傳本。知其書爲作者詩文集，當入集部。
清異錄	②			✓	
秋鐙叢話（王梒）	②		✓	✓	
奇香齋叢書	③				
秋鐙叢話（戴延年）	①			✓	
群芳小集	①				✓	其書記載梨園群芳事蹟，罕見故事。
乾嘉詩壇點將錄	①				✓	其書評議乾隆、嘉慶間詩壇名家成就，並無小說成分。
秦雲擷英小譜	①			✓	
秦淮豔品	①		✓	✓	
樵書初二編	⑤				
容槎蠡說	⑤				

容膝居雜錄	⑤				
宋稗類鈔（李宗孔撰）	⑥				
三餘漫筆	⑥				
漱華隨筆	①④			✓	
述異記	④		✓	✓	
世說新語補	②			✓	
山海經圖贊補遺	②				
山海經匯說	②		✓		
山海經地理今釋	②		✓		
蜀道驛程紀	③				
說鈴前集後集	③				
商洛行程記	③				
使楚叢譚	③				
掃軌閒談	①		✓	✓	
瑣蛣雜記	①	✓		✓	
宋人小說類編補鈔	①			✓	
隨緣筆記	①		✓	✓	
粟香隨筆二筆三筆四筆	①			✓	
水窗春囈	①		✓	✓	
石里雜誌	①		✓（《石里雜識》）	✓	
山齋客譚	①		✓（《山齋客談》）	✓	
珊瑚舌雕談初筆	①		✓	✓	
三秦記	①				
十眉謠	①		✓		✓	此書以歌謠描繪女子，非小說之體。
廋詞	①				✓	此書以詩詞評價女子，非小說之體。
詩鐘錄	①				✓	今未見傳本。據書名知為論詩之語。
談墨錄	④					
陶庵夢憶	②				✓	此書乃散文小品代表作。

天水冰山錄	③				
途說	①	✓ （《途說》）		✓	
庭聞州世說	⑥			✓	
檀幾叢書	⑤				
五茸志逸、補	④				
妄妄錄	②		✓	✓	
聞見一隅錄	⑦				
吳鰥放言	①			✓	
吳語	①			✓	
聞見偶錄	①		✓	✓	
尾蔗叢談	①		✓	✓	
五石瓠	①		✓	✓	
問餘筆話	①				
信徵錄	④		✓		
續太平廣記	②	✓		✓	
謏聞隨筆	②				
消夏閒記	②				
嘯亭雜錄續錄	②				
新齊諧、續齊諧	①②		✓	✓	
醒世姻緣	⑦				
希夷夢	⑦				
雪鴻再錄	③				
西河雜箋	①			✓	
香天談藪	①			✓	
習苦齋筆記	①			✓	
昔柳摭談	①		✓	✓	
續諧鐸	①		✓	✓	
續高士傳	⑤				
因樹屋書影	⑥			✓	
蚓庵瑣語	④		✓	✓	
虞初續新志	②				

書名	卷數					備註
虞初新志（黃承增撰）	⑦					
藝海珠塵	③					
雅趣藏書	①			✓		
憶書	①			✓		
漁磯漫鈔	①	✓				
燕山外史	①			✓		
一斑錄雜述	①					
夜雨秋燈錄	①		✓	✓		
翼駉稗編	①			✓		
螢窗異草初編、二編、三編	①		✓	✓		
餘墨偶談、續編	①	✓（無《續談》）		✓		
異物志	①			✓		
夜譚隨錄	①		✓	✓		
雨窗寄所寄	①		✓	✓		案：《寧氏目》著錄《雨窗記所記》。
己畦瑣語	①				✓	其書爲議論爲官之道，不具小說成分。
悅容編(不著撰人名氏)	①					
胭脂紀事	①		✓		✓	其書記女子胭脂品目，非關乎小說。
黷跡編	①			✓		
悅容編（《鴛鴦譜》，衛泳撰）	①		✓		✓	其書爲妓女名錄，未及小說。
燕蘭小譜	①			✓		案：《寧氏目》著錄《燕蘭小譜》。
粵西叢載	⑤					
竹素辨訛	⑥					
簪雲樓雜說	①		✓	✓		
芝省齋隨筆	④					
征緬紀略	③					
張氏巵言	①		✓	✓		

芝庵雜記	①		✓		
竹隱廬隨筆	①		✓		
摭餘偶筆	①		✓		
坐花志果	①		✓		
誌異續編	①	✓	✓		
鑄鼎覺迷錄	①	✓	✓		
竹西花事小錄	①	✓	✓		
燕臺花事錄	①		✓		
正續雲谷臥餘	⑤				

　　根據表八所顯示，《清志》未收八家私家藏書目錄的作品中，《補編》補錄了 11 部，而《拾遺》補錄了 62 部，兩書共補錄了 73 部小說作品。可見，八家私家藏書目錄的小說著錄於後人編纂的小說書目而言，仍具有可取之處，可以作爲後人的參考。此外，我們也可以重點討論一下八家私家藏書目錄中的《八千目》。因爲據章鈺所言，《清志》的著錄來源，首推《八千目》。他在給繆荃孫的第 35 函中說：「近來藏書家目收本朝著述者，八千卷樓（案：《八千目》）外，即推盛氏目（案：愚齋圖書館藏書目錄）。」〔註 62〕而杜澤遜先生在其《史志目錄的回顧與前瞻》中也印證了這一點，認爲《八千目》是《清志》著錄的「重大來源」。〔註 63〕當然，上述統計結果顯示，在小說部分《清志》著錄的重大來源，可能不只是《八千目》，也有可能是其他書目，如《鄭堂記》，因爲在子部小說家類和雜家類的著錄方面，兩者觀念更爲相通。然而，這只是我們的猜測，無論是朱師轍的《清史述聞》還是繆荃孫的《藝風堂友朋書札》中，都沒能說明這個問題。我們無法肯定八家私家藏書目錄中，《清志》到底參考了哪些書目以之作爲小說著錄的來源，但我們可以肯定的是，八家私家藏書目錄中，《清志》知見過《八千目》。如此，就產生了一個問題：既然見到了，爲何有些作品卻不予採錄呢？而且是多達 119 部小說完全不被《清志》著錄在任何一類屬中。

　　如何解釋《清志》的去取，在這裡我們僅能作一推測。《清志》的編纂面臨了諸多困難，其中之一就是採書受到了限制。《清史稿》纂修之時，時局動

〔註 62〕顧廷龍校閱：《藝風堂友朋書札》，上海：上海古籍出版社，1981 年，第 600 頁。
〔註 63〕杜澤遜：《史志目錄的回顧與前瞻：編纂〈清人著述總目〉的啓示》，《文史哲》，2008 年第 4 期，第 68 頁。

盪不安，許多圖書被商賈及列強掠奪販賣，經費的匱乏也使採書面臨困難，想必許多文獻不得而見。當然，從現有的文獻來看，無法斷定《清志》的失錄，是不是全然與所佔資源有限未能目驗有關，但這個可能性很大。因此，才產生了針對《清志》作出拾遺補闕的《補編》及《拾遺》。在《清志》棄錄的 119 部作品中，《補編》採錄了 7 部小說，而《拾遺》增補了其中的 49 部小說。餘下的 63 部作品，最終與「三志」小說家之席位無緣。

當然，《八千目》中未被《清志》收錄的小說，除了是採書資源受到限制，未能目驗其書之外，還有一個可能，即《清志》選擇不著錄。《寧氏目》說明了一些問題，一是因為寧稼雨編撰的這本書目並非廣納諸史《藝文志》或《經籍志》及各家公私書目的小說作品，而是有選擇性的著錄，並且附加一個《剔除書目》，把那些曾被史志目錄或私家書目著錄為小說，但他本身認為不是小說的作品，調整到《剔除書目》中。在上述的 119 部作品中，有 22 部作品是被剔除在小說家之外的。從上表附上的寧稼雨的小說提要可見，寧稼雨評價一部作品的標準，在於其是否是小說之體，含故事性。因此，那些羅列名目的書籍、議論文、記典章制度的、沒有故事性的作品，都被剔除在小說家之外。《清志》編纂的時代，已經很重視小說的故事性及虛構特徵。因此，這些作品有可能是被選擇性棄錄的。

另外一種可能是，《清志》的作者不太重視小說。《清志》子部共著錄 2371 部文獻，而小說的著錄百分比只比農家類的 1.94% 及釋家類的 2.61% 高，佔據了其中的 2.74%，而實際上小說在清代得到了極大的發展，小說實際的創作量也遠勝於此。此外，《清志》小說家類的排序也排在了第 12 位，而以往在眾多史志目錄裏位序較靠後的醫家類、天文算法類、術數類、藝術類、譜錄類等卻排在小說家之前。相較《八千目》，小說家類的序位雖無不同，但卻佔據了清人著述 2,066 部中的 151 部，即 7.31%。可見，《清志》子部小說著錄並未善加利用《八千目》之小說著錄。下文進一步考察那些同時被《清志》與八家私家藏書目錄著錄在案的作品，下列表九及表十將顯示八家私家藏書目錄中哪家與《清志》的分類觀念較為相近，並進一步考察作品的流通及藏書情況。

二、《清志》與八家私家藏書同錄的小說著作

《清志》的 63 部小說著錄中，亦出現在八家私家藏書目錄小說家類中的作品，除去重複者，共有 28 部，茲列如下：

表九：《清志》與八家私家藏書目錄同時著錄之小說作品一覽表

小說名稱	《清志》著錄	私家書目著錄								
		①	②	③	④	⑤	⑥	⑦	⑧	
板橋雜記	✓	✓	✓		✓					4
觚賸；續編	✓	✓	✓		✓				✓	5
古笑史	✓	✓								2
漢世說	✓			✓						2
皇華紀聞	✓	✓			✓					3
今世說	✓	✓	✓		✓		✓			5
矩齋雜記	✓	✓								2
劇話	✓	✓								2
堅瓠集	✓	✓								2
隴蜀餘聞	✓	✓		✓	✓					4
兩般秋雨庵隨筆	✓	✓	✓							3
奩史	✓	✓								2
穆天子傳注疏	✓		✓							2
明語林	✓						✓		✓	3
穆天子傳注補正	✓		✓							2
潛園集錄	✓	✓								2
山海經廣注	✓	✓	✓							3
山海經箋疏	✓	✓	✓							3
世說補	✓	✓								2
說鈴	✓				✓					2
續廣博物志	✓	✓								2
西青散記	✓	✓								2
玉堂薈記	✓	✓			✓					3
玉劍尊聞	✓	✓	✓		✓					4
虞初新志	✓		✓	✓						3
閱微草堂筆記	✓	✓	✓					✓		4
右臺仙館筆記	✓	✓								2
影梅庵憶語	✓	✓								2
	28	22	11	3	8	0	2	1	2	

　　在上表所顯示的著述中,《觚賸》及《今世說》是最獲認可的兩部小說,各獲得五家私家藏書目錄收錄。緊隨其後的是《板橋雜記》《隴蜀餘聞》《玉劍尊聞》及《閱微草堂筆記》。上述這幾部小說除了《閱微草堂筆記》,餘者皆成書於康熙年間,尤其是《玉劍尊聞》一書,成書更早,在順治十一年(1654)。這些小說版本較多、傳播較廣,《隴蜀餘聞》有《王漁洋遺書》《說鈴》《昭代叢書》《龍威秘書》《小方壺齋輿地叢鈔》等叢書本;《今世說》有康熙二十二年(1683)元刊本,後於咸豐二年(1852)又有較為通行的《粵雅堂叢書》本;《觚賸》一書最早則有康熙四十一年(1702)臨野堂刻本,為足本,又有《說鈴》本節錄一卷,晚清後刊本更多。因此,這些書能獲得較多書目收藏家的認可,是有其道理的。而《閱微草堂筆記》為紀昀所著,後人許多作品,如《翼駉稗編》《三異筆談》《里乘》諸書皆受此書影響,成為一派。〔註64〕可見,此類小說被廣泛傳播,《清志》與私家書目著錄,並不足為怪。然而作為晚出的《鄭堂記》,全書共收錄自先秦迄清道光著述,增錄了許多乾嘉時期新刊的大量著述,卻沒有收錄《閱微草堂筆記》一書,讓人難以理解個中緣由。而有一點可以肯定的是,由於《孫氏目》成書於嘉慶五年,《傳世目》乃清朝前期之書目著作,而《閱微草堂筆記》當中的《灤陽消夏錄》《槐西雜志》《姑妄聽之》《灤陽續錄》等篇目,原來是分別刊行的,直到嘉慶五年,紀昀門人盛時彥合為一書刊行,取名《閱微草堂筆記》,故成書於《閱微草堂筆記》刊行以前的目錄學著作,自然不可能收錄紀昀這本書。

　　有一點特別值得注意的是,《文瑞目》著錄的 25 部清代小說中,竟無一入《清史稿・藝文志》。這顯示了《文瑞目》的小說觀念是八家中與《清志》差異最大的。而《文瑞目》著錄的 25 部小說作品,又有其中的 9 部與《清志》著錄的門類不同,被歸類在小說之外,佔了 36%。對此下文將進一步論述分析。

　　由此可以看出官修書目與私人藏書目錄的不同點。私人藏書目錄的編纂與著錄完全按照個人意志,這也與他們的藏書喜好尤為相關。就《清志》與八家私家藏書目錄同時皆收錄的小說作品來看,並無一定的邏輯或規律可循。故比較研究《清志》與八家私家藏書目錄的文言小說著錄情況的價值,不在求其相通處,更該從兩者之間去取的不同方面去探索。

〔註64〕寧稼雨:《中國文言小說總目提要》,濟南:齊魯書社,1996 年,第 334 頁。

三、《清志》與八家私家藏書目錄之圖書著錄異同

下表所列作品同時著錄於《清志》和八家私家藏書目錄，但各目間歸類卻不一致。爲了有助於本文分析一部作品歸類的合理性，解析其如是分類的考慮及原因，本文把牽涉到的作品在《清志》與各家的著錄情況也一併羅列其中：

表十：《清志》與八家書目之圖書歸類一覽表

序號	圖書名稱	《清志》著錄	私家書目著錄							
			①	②	③	④	⑤	⑥	⑦	⑧
1.	茶餘客話	雜家	小說			小說			小說	
2.	樗園消夏錄	雜家	小說							
3.	鈍吟雜錄	雜家	雜家	雜家		雜家		小說		
4.	定香亭筆記	雜家			小說					
5.	訂訛雜錄	雜家	雜家	雜家		雜家	小說			
6.	分甘餘話	雜家		雜家	小說	雜家				
7.	歸田瑣記	小說		雜家						
8.	古夫于亭雜錄	雜家			小說	雜家				
9.	古今釋疑	雜家				雜家	小說			
10.	槐廳載筆	史部職官類官制之屬				小說				
11.	蒿庵閒話	雜家			小說					
12.	矩齋雜記	雜家，小說	小說							
13.	寄園寄所寄	雜家	雜家		小說	雜家				
14.	居易錄	雜家				雜家	小說		雜家	
15.	客舍新聞	雜家		小說（《客舍偶聞》）						
16.	浪跡叢談	小說		雜家						
17.	浪跡續談	小說		雜家						
18.	流通古書約	目錄類			小說					
19.	柳南隨筆	雜家	小說							
20.	履園叢話	雜家	小說							

21.	七頌堂識小錄	雜家			小說			
22.	夢園叢說內篇外篇	雜家	小說（作《夢園叢記》）	小說				
23.	清波小志	史部地理類雜誌之屬			小說			
24.	晴川蟹錄	子部譜錄類動植物之屬					小說	
25.	仁恕堂筆記	雜家		雜家			小說	
26.	人海記	雜家	小說	小說				
27.	日知錄	雜家				雜家	小說	
28.	日下舊聞	史部地理類					小說	
29.	宋稗類鈔	雜家			小說			雜家
30.	說鈴（汪琬）	小說	雜家（吳震方輯）			小說	小說（吳震方輯）	
31.	蜀徼紀聞（王士禎）	史部地理類			小說（王昶）			
32.	瑣記	雜家	小說					
33.	同書	子部類書類					小說	
34.	桃溪客語	史部地理，子部雜家			小說			小說
35.	文選理學權輿	集部總集類			小說			
36.	香祖筆記	雜家		雜家		雜家	小說	雜家
37.	玉堂薈記	小說	小說			小說		雜家
38.	虞初新志	小說	傳記	小說	小說			
39.	虞初續志	小說	傳記					
40.	硯北雜錄	雜家		小說				
41.	庸閒齋筆記	雜家		雜家				小說
42.	韻石齋筆談	雜家	雜家		小說			
43.	簷曝雜記	雜家	小說					
44.	鄠署雜抄	史部地理					小說（「署」作「陵」）	

			1	2	3	4	5	6	7	8
45.	字觸	子部術數類						小說		
46.	制義科瑣記	史部政書類銓選科舉之屬				小說				
47.	佐治藥言	子部法家類			小說					
48.	征緬紀聞	史部地理類			小說					歷史
49.	竹葉亭雜記	雜家	小說	雜家						
50.	在園雜志	雜家					小說			
	八家與《清志》分類相同之數量		5	8	1	11	1	0	3	0
	八家與《清志》分類相異之數量		13	7	15	3	9	4	3	1

1.　《茶餘客話》

阮葵生撰。其書內容較為廣泛，涵蓋經史朝政，撰述清初典章制度、書畫禽魚、人物遺聞、志怪之事。此外，也收錄了一些考證研究的文章，如考辨《西遊記》作者的問題。這也許是《清志》將其歸入雜家的原因。然而，《八千目》《鄭堂記》及《越縵堂記》都歸入小說家類。

2.　《樗園消夏錄》

郭麐撰。《八千目》歸入小說家，《清志》則歸入雜家。《寧氏目》將之歸類在小說家類雜俎之屬。雜俎小說本易於與子部雜家相混淆。寧稼雨指此書雜記各類見聞，有的引述前人載記考辨事實，有的記錄時人詩作及遺聞，唯獨少數故事富有小說意味。〔註65〕相信《清志》因此歸入雜家類。

3.　《鈍吟雜錄》

馮班撰。《鈍吟雜錄》一書，《清志》列入雜家，《八千目》《傳本書目》《鄭堂記》同列入雜家。唯獨《傳是目》列入小說家。《總目提要》評曰：「是書凡《家誡》二卷，《正俗》一卷，《讀古淺說》一卷，《嚴氏糾謬》一卷，《日記》一卷，《誡子帖》一卷，《遺言》一卷，《通鑑綱目糾謬》一卷，《將死之鳴》一卷……《家誡》多涉歷世故之言，其論明末儒者之弊，頗為深切，《正俗》皆論詩法，《讀古淺說》多評詩文，《日記》多說筆法、字學，皆間附雜論；《嚴氏糾謬》辨嚴羽《滄浪詩話》之非，《誡子帖》多評古帖，論筆法末附以社約四則，皆論讀書之法；《遺言》《將死之鳴》皆與《家誡》相出入；

〔註65〕寧稼雨：《中國文言小說總目提要》，濟南：齊魯書社，1996 年，第 390 頁。

《通鑑綱目糾謬》尚未成書，僅標識五條，武錄而存之耳。」〔註66〕按《總目》之解題，此書種類繁多，所記類型不一，該入雜家類無疑。今人編纂之書目如《寧氏目》《袁氏目》《劉氏百科全書》等亦未見著錄。

4. 《定香亭筆談》

阮元撰。八家私家藏書目錄中，唯《孫氏目》收錄此書，列入小說。《清志》歸入雜家類。此書雜錄作者詩文，故今人寧稼雨將其歸入《剔除書目》一欄。

5. 《訂訛雜錄》

胡鳴玉撰。《清志》列入雜家類。《八千目》《傳本書目》《鄭堂記》同列入雜家類，唯獨《文瑞目》列入小說家。《總目提要》曰：「是編皆考訂聲音文字之訛，大抵採集諸家說部而參以己說。」〔註67〕如卷一《密勿》條考訂曰「密勿」不作「祕密」解；〔註68〕卷二《蒼黃》條考訂謂：「人謂匆遽失措曰『倉皇』，若作『蒼黃』，必嗤為別字，然古人集中，無作『倉皇』者。至宋人始作『倉皇』，如歐陽公《五代史・伶官傳序》云『倉皇東出』之類。」〔註69〕又卷七《不諱字》條云「古人諱名不諱字，故於祖父、師長之字，直指而不以為斥。《中庸》曰：『仲尼祖述堯舜。』孫稱祖字也；《離騷》：『朕皇考曰伯庸。』子稱父字也。」〔註70〕凡此諸種，他家皆以為與小說無關。

6. 《分甘餘話》

王士禎撰。《清志》列入雜家類，《傳本書目》與《鄭堂記》與之同。《孫氏目》列入小說家類。據《總目提要》，此書「大抵隨筆記錄，瑣事為多。蓋年逾七十，藉以消閒遣日，無復考證之功，故不能如《池北偶談》《居易錄》之詳覈。」〔註71〕《總目》將此書與《池北偶談》《居易錄》相較，評其考證之功，又見其書卷一目錄如《群芳譜及佩文齊廣群芳譜》《詩中酒樓》《清代視朝儀》《梁世勳進貢》《錄祖輩詩》等，可見其內容多為考證雜談，

〔註66〕〔清〕永瑢等撰：《四庫全書總目》，北京：中華書局，1965年，第 1064 頁。
〔註67〕〔清〕永瑢等撰：《四庫全書總目》，北京：中華書局，1965年，第 1031 頁。
〔註68〕〔清〕胡鳴玉：《訂訛雜錄》，《叢書集成初編》本，北京：中華書局，1985年，第 2 頁。
〔註69〕〔清〕胡鳴玉：《訂訛雜錄》，《叢書集成初編》本，北京：中華書局，1985年，第 18 頁。
〔註70〕〔清〕胡鳴玉：《訂訛雜錄》，《叢書集成初編》本，北京：中華書局，1985年，第 80 頁。
〔註71〕〔清〕永瑢等撰：《四庫全書總目》，北京：中華書局，1965年，第 1057 頁。

亦非小說之體。

7. 《歸田瑣記》

梁章鉅撰。《清志》列入小說家類。八家私家藏書目錄中，唯《傳本書目》一家著錄，列入雜家。《歸田》卷一自云：「因僑居蒲城，養?無事，就近所聞見，鋪敘成書。」〔註72〕此書內容廣泛，取材較雜，涉及草木蟲魚、醫方書札及生活瑣事等，而記古今人物軼聞遺事，具小說特色。〔註73〕寧稼雨亦指《歸田》一書卷七記有小說、酒食、謎語等；卷八收作者晚年日記，其中有些內容具小說意味。而卷六之「文人奇遇」「紀文達師」等，卷七「小說」「《封神榜》」「《三國演義》」「金聖歎」諸條談小說起源及有關作品評價等，也被視為小說史的珍貴材料。〔註74〕故《歸田》一書徘徊在雜家及小說家之間，其因可溯。

8. 《古夫于亭雜錄》

王士禎撰。《清志》同《鄭堂記》皆列入雜家。《孫氏目》入小說家類。王士禎在其書《自序》云此書無凡例，無次第，故曰「雜」。此書被寧稼雨退置到《剔除書目》中，因其所記為瑣聞議論之類，非小說之體。〔註75〕觀其書內容，卷一有述及作詩同作畫，皆貴考據典故的，有論及修史的，謂《史記》《漢書》皆成於一家父子之手，故其書能千古不朽，成書亦較容易；卷六闡述《疑耀》一書，疑為張萱所撰而嫁名於李贄一事等。

9. 《古今釋疑》

方中履撰。是書《清志》及《鄭堂記》皆入雜家，而金檀編纂的《文瑞目》卻列入小說家。據《總目提要》曰：「此書皆考證之文。一卷至三卷皆論經籍，四卷至九卷皆論禮制，十卷論氏族姓名，十一卷論樂，十二、十三卷論天文推步，十四卷論地理，十五卷論醫藥，十六至十八卷論小學、算術，各標題而為之說」〔註76〕，故列入雜家類。如此說來，《古今釋疑》為論說考證之文，並非含有故事性之小說之體，未知金檀何以將之列入小說家。

〔註72〕〔清〕梁章鉅撰，於亦時校點：《歸田瑣記》，《清代史料筆記叢刊》，北京：中華書局，1981年，第1頁。

〔註73〕丁錫根編著：《中國歷代小說序跋集》，北京：人民文學出版社，1996年，第485頁。

〔註74〕寧稼雨：《中國文言小說總目提要》，濟南：齊魯書社，1996年，第388頁。

〔註75〕寧稼雨：《中國文言小說總目提要》，濟南：齊魯書社，1996年，第452頁。

〔註76〕〔清〕永瑢等撰：《四庫全書總目》，北京：中華書局，1965年，第1092頁。

10. 《槐廳載筆》

法式善撰。《清志》與《鄭堂記》在文獻的分類上，大部分是意見一致的，然而此書，目錄學家看法不一。《槐廳載筆》乃作者博採清朝科場故實，仿朱彝尊《日下舊聞》所作。其書目錄分爲規制、恩榮、盛事、知過、掌故、紀實、述異、炯戒、品藻、夢兆、因果、詠歌 12 門，與所撰《清秘述聞》相表裏。凡所輯錄，皆注明出處，引書達 400 種以上。〔註77〕適才提及《槐廳載筆》與《清秘述聞》相表裏，《清秘述聞》亦是記載清代科舉考試的專著，見其目錄「鄉會考官類」「學政類」「同考官類」，都記載了清初順治至嘉慶年間的歷科考官、試題、清代學政一職的演變等細事，是珍貴的清代史料。而法式善在《槐廳載筆》自序中亦稱此書乃其官居翰林學士時輯錄科場、貢舉、官職、姓字之作。不知爲何《續修四庫全書》將其列入雜家類，〔註78〕《鄭堂記》列入小說家，而《清志》將此列入史部職官類官制之屬。

11. 《蒿庵閒話》

張爾岐撰。八家私家藏書目錄中，惟《孫氏目》收錄此書，列入小說類，有別於將之列入雜家類的《清志》。此書爲張爾岐讀書筆錄，記錄其考據之作的學術筆記，故《清志》列入雜家類。《總目》同列入雜家。

12. 《矩齋雜記》

施閏章撰。《八千目》列入小說家。《清志》重複著錄於小說家類及雜家類。據《寧氏目》「《矩齋雜記》」條云：「書中雜記元明以來見聞瑣事，事關志怪志人。其志人者多爲生活中足爲法戒之事。」〔註79〕如「骰子誤人」一篇可爲嗜毒淫亂者之戒；「銀燭」一篇彰顯貪官之恥等。又曰「書中尚有部分考證議論文字，或疏證語詞，或議論文場之事」。〔註80〕若以內容多寡而言，小說仍是此書之主體。《清志》重複著錄，該是失誤，非採互著之法，終究未知《矩齋雜記》，其意屬何類。

13. 《寄園寄所寄》

趙吉士撰。《清志》與《八千目》《鄭堂記》皆列入雜家類，唯《孫氏目》

〔註77〕明文書局編：《中國史學史辭典》，臺北：明文書局，1986 年，第 425 頁。
〔註78〕〔清〕法式善撰：《槐廳載筆》，《續修四庫全書》本，1178 冊，上海：上海古籍出版社，2002 年，第 345 頁。
〔註79〕寧稼雨：《中國文言小說總目提要》，濟南：齊魯書社，1996 年，第 374 頁。
〔註80〕寧稼雨：《中國文言小說總目提要》，濟南：齊魯書社，1996 年，第 374 頁。

列入小說家類。此書，古往今來，分類不一。《總目》列入雜家存目類。今人
《寧氏目》《袁氏目》皆列入小說家類，但《劉氏百科全書》則未收錄此書。
此書採輯前人小說及野史筆記故事，內容講述忠孝節義故事、山川名勝、神
仙鬼怪、清談格言與詩話類、考訂前人謬誤、雜錄故實、諧謔雜事等。寧稼
雨認為其書所引故事以小說為主，很多故事被用作小說題材，如「驅睡寄」
引《快心集》記聶以道斷拾遺鈔事，出《輟耕錄》等，亦已被馮夢龍用在《古
今小說・陳御史巧勘金釵鈿》的入話，又言此書搜羅宏富，小說如雲，與《太
平廣記》同屬一類，堪稱小說家之淵藪。〔註81〕如此說來，《孫氏目》的分類
與今人寧稼雨的對於此書認識更為契合。然而，在清代公私目錄中，此書更
被認可為一部雜家著作。

14. 《居易錄》

王士禎撰。《清志》與《鄭堂記》《越縵堂記》皆列入雜家類。金檀《文
瑞目》則將之列入小說家類。《總目》亦歸入雜家類。今人編纂書目，如《寧
氏目》《劉氏百科全書》將之剔除在小說家之外，而以搜羅完備為目標的《袁
氏目》則列入小說家類。《總目》評此書「多論詩之語，標舉名雋，自其所長。
其記所見諸古書，考據源流，論斷得失，亦最為詳悉。」〔註82〕可見，《居易
錄》一書，更被認可為雜家類作品，其書似議論之類，罕及小說。

15. 《客舍新聞》

彭孫貽撰。《清志》列入雜家類，《傳本書目》作《客舍偶聞》，列入小說
家類。書名當是《客舍偶聞》。《寧氏目》曰：「是書雜記晚明清初滿人遺事制
度」，〔註83〕列入小說家類，《石氏目》亦列入小說家類，《劉氏百科全書》則
未收錄此書。《客舍偶聞・自序》謂：「時時遊於酒人豪士間，抵掌故談世事
無所諱。突梯者又姑妄言之，是以新人聽，雖多年耳食，徵其寔，亦十得五
六，更亦以其所見，隨筆記之曰『《客舍偶聞》』云。」〔註84〕可見，按照彭
孫貽自己的理解，此書有可徵之處，可補史家之作，非為著小說之作。然而，
亦有部分內容未能經得起考證，乃道聽途說之作，故其又常見於小說目錄中。

〔註81〕寧稼雨：《中國文言小說總目提要》，濟南：齊魯書社，1996 年，第 377 頁。
〔註82〕〔清〕永瑢等撰：《四庫全書總目》，北京：中華書局，1965 年，第 1056 頁。
〔註83〕寧稼雨：《中國文言小說總目提要》，濟南：齊魯書社，1996 年，第 415 頁。
〔註84〕〔清〕彭孫貽撰：《客舍偶聞》，《續修四庫全書》本，1175 冊，上海：上海古
　　　籍出版社，2002 年，第 411 頁。

《總目》未收錄此書,《續修四庫全書》則列入雜家類。總而言之,《清志》與《傳本書目》各自列入雜家及小說家類,皆有其合理依據。

16 及 17. 《浪跡叢談》與《浪跡續談》

梁章鉅撰。《清志》入小說家類。八家私家藏書目錄中,唯《傳本書目》收錄此二書,列入雜家類。《浪跡叢談》雜記清末時事,清代典章制度和揚州一帶的地方名勝、掌故及古代名物的考訂,也包括作者對詩文、碑銘、書畫的評價,內容中亦述及各種藥方等。《浪跡續談》內容大抵如此,唯較少記載時事,而更多記錄蘇杭及溫州一代的風俗名勝與物產,也記述了明清戲曲及小說的舊聞掌故。〔註85〕《劉氏百科全書》亦收錄此書,評曰:「《浪跡叢談》三種(又一種為《浪跡三談》,《清志》及《傳本書目》未收錄第三種。)中的小說史料甚多。例如《浪跡叢談》卷六『宋江』『楊令公』『三保太監』《浪跡續談》卷六『貂蟬』『周倉』『李元霸』關於《水滸傳》《楊家將演義》《西洋記演義》《三國志演義》《隋唐演義》等小說人物本事的考述等……都可供小說研究者參考。」〔註86〕《清志》在此書的分類上與今人的小說觀念更契合。

18. 《流通古書約》

曹溶撰。《孫氏目》將此書列入小說家類,而《清志》則將之列入史部目錄類。由此可見分類歧異之大。今人編纂的小說目錄中,無一收錄此書。《流通古書約》的內容與藏書家、藏書及流通古書之法有關。一些珍貴古籍一旦落入私人藏書家中,便被秘藏之,古書便成死書,無法傳播出去。自古以來這樣的事例很多。唐杜暹於其藏書卷末云:「清俸買來手自校,子孫讀之知聖道,鬻及借人為不孝」〔註87〕,以此告誡子孫不得將書出賣及借人。明清藏書家亦紛紛仿傚,以藏書為私產,每書之始,印記累累,無非「子孫永保」之意,同歸於不達而已矣。〔註88〕曹溶與錢謙益也是好友,他在《絳雲樓書目題辭》中曾說,錢謙益好藏書、好讀書,與那些藏書家將古籍束之

〔註85〕 寧稼雨:《中國文言小說總目提要》,濟南:齊魯書社,1996 年,第 393 頁。

〔註86〕 劉世德主編:《中國古代小說百科全書》,北京:中國大百科全書出版社,2006年,第 260 頁。

〔註87〕 〔宋〕周(火軍)撰,劉永翔校注:《清波雜志校注》,北京:中華書局,1994年,第 134 頁。

〔註88〕 張舜徽:《清人筆記條辨》,《張舜徽集》,武漢:華中師範大學,2004 年,第 50 頁。

高閣而不讀者是兩回事。然而錢謙益卻吝於借書予他人，所以當「絳雲樓」
爲火所焚，許多珍貴的典籍不復見於世。有鑑於此，曹溶寫了《流通古書約》，
爲流通古書創造良方，此約刻於《知不足齋叢書》。〔註89〕此書集中探討如
何保存古籍，是中國藏書史上的重要文獻，《清志》歸入目錄類，想來合適。

19.《柳南隨筆》

王應奎撰。《清志》歸入雜家，而《八千目》列入小說家類。此書或列
入雜家，或列入小說家，其因可溯，一是因其書內容廣泛，雜家多種內容；
一是含大量小說故事。本書除了有考證經史子集的部分，可資文史研究之
用，如卷一考訂《禮儀‧喪服篇》之「舅之子」、述及「先生」一詞之稱謂
始於《論語》《曲禮》；「老先生」之稱，則始於《史記‧賈誼傳》，也有只稱
「先」或只稱「生」，然皆指「先生」之意的；卷四談論《書板之誤》是也；
也雜記遺聞軼事、社會風俗等，反映了當時文人士大夫的生活狀況和精神面
貌。小說部分集中在後者，在書中占更大比例。

20.《履園叢話》

錢泳撰。《清志》視爲雜家之作，《八千目》則視爲小說家之言。全書類
目分爲「舊聞」「閱古」「考索」「水學救荒附」「景賢」「耆舊」「臆論」「譚
詩」「碑帖」「收藏」「書畫」「藝能」「科第」「祥異」「鬼神」「精怪」「報應」
「古蹟」「陵墓」「園林」「笑柄惡俗附」「夢幻」「雜記上」「雜記下」二十四
類。從類目上來看，張舜徽先生即曰：「《叢話》則所記掌故、舊聞爲多，旁
及祥異、鬼神、報應、夢幻、無所不記，頗傷冗雜。」（《履園叢話二十四卷
提要》）〔註90〕故徘徊在小說、雜家之間。

21.《七頌堂識小錄》

劉體仁撰。《清志》列入雜家類，《孫氏目》列入小說家類。《清志》與
《總目》一樣，將此書列入雜家類之雜品之屬。關於「雜品」，《總目》云：
「古人質樸，不涉雜事。其著爲書者，至射法、劍道、手搏、蹴踘止矣。至
《隋志》而《欹器圖》猶附小說，《象經》《棋勢》猶附兵家，不能自爲門目
也。宋以後則一切賞心娛目之具，無不勒有成編，圖籍於是始眾焉。今於其
專明一事一物者，皆別爲「譜錄」，其雜陳眾品者，自《洞天清錄》以下，

〔註89〕〔清〕曹溶撰：《流通古書約》，〔清〕鮑廷博輯：《知不足齋叢書》，香港：中
　　　　文出版社，1980 年，第 1451 頁。
〔註90〕張舜徽：《清人筆記條辨》，武漢：華中師範大學出版社，2004 年，第 163 頁。

並類聚於此門。蓋既爲古所未有之書，不得不立古所未有之例矣。」〔註91〕
《七頌堂識小錄》就是記載書畫古器的專書，故《清志》列入雜家類。

22. 《夢園叢說內篇外篇》

方濬頤撰。《清志》列入雜家類，《八千目》歸入小說家。莫友芝的《傳本書目》收錄此書，列入小說家。然《八千目》錄《夢園叢記》，無《外篇》。今人編纂之小說目錄，如《寧氏目》《袁氏目》及《石氏目》，皆無此書內容之解題。《劉氏百科全書》則未收錄此書。考察其他文獻，發現李文治編纂的《中國科學院經濟研究所・中國近代經濟史參考資料叢刊第三種・中國近代農業史資料・第1輯・1840～1911》一書，節錄了《夢園叢說內篇外篇》的部分內容，並將此書歸類在「箚記、遊記、日記」一類，〔註92〕可見其遊記、日記、書札中的撰述，可供經濟、農業史研究者使用；又見潘建國《古代小說文獻叢考》之「《稀見小說研究史料四種》」一章中第二節，即「鄭麗生清稿本《〈小說舊聞鈔〉補》」時，提及《〈小說舊聞鈔〉補》全稿增補了各類資料多達400餘則，有裨於小說研究者，其中最爲引人注目之一的，即是此書輯錄自若干稀見筆記雜著的小說史料。該書《引用書目》著錄了 45 種稗乘野史及詩話雜著，而《夢園叢說》則是其中較爲冷僻稀見的小說筆記之一。〔註93〕此外，《捻軍》〔註94〕一書亦節錄部分《夢園叢說》之內容，可見此書記載了捻軍起義（1853 年～1868 年），即太平天國時期反清的北方農民起義軍活動事件。不僅如此，《中國書法史論》中亦引《夢園叢說》書中所載，指翁方綱能在一粒芝麻上寫「天下太平」四字，〔註95〕可知《夢園叢說》內容又涉及書法。除了書法，此書亦述及圍棋，這個關於圍棋的小故事，亦被引用收錄在《中國藝術百科全書・圍棋》一書中。〔註96〕

總的來說，《夢園叢說》一書至少兼記了小說、經濟、軍事、圍棋、書法

〔註91〕〔清〕永瑢等撰：《四庫全書總目》，北京：中華書局，1965 年，第 1060 頁。

〔註92〕李文治：《中國科學院經濟研究所・中國近代經濟史參考資料叢刊第三種・中國近代農業史資料・第 1 輯・1840～1911》，北京：生活・讀書・新知三聯書店，1957 年。

〔註93〕潘建國：《古代小說文獻叢考》，北京：中華書局，2006 年，第 362～365 頁。

〔註94〕中國史學會主編：《捻軍》，中國史學會主編：《中國近代史料叢刊》，上海：上海人民出版社，1957 年，第 385～388 頁。

〔註95〕陳雲君：《中國書法史論》，北京：人民日報出版社，1987 年，第 251 頁。

〔註96〕趙海英：《圍棋》，王嫣嫣、趙富強、趙海英主編：《中國藝術百科全書》，長春：吉林文史出版社，2005 年，第 241～244 頁。

等多種廣泛內容。此書分別被《八千目》及《清志》歸入小說類之雜事之屬及雜家雜說之屬，這種混淆與游移，是經常發生的例子。如《總目》小說家「雜事之屬」中，就有很多與雜家的雜說、雜考之書性質相同相近的，《澠水燕談錄》《歸田錄》《道山清話》《癸辛雜識》《雞肋編》等皆在此列。

23.《清波小志》

徐逢吉撰。八家私家藏書目錄中，唯《孫氏目》收錄此書，列入小說家。《清志》則納入史部地理類雜誌之屬。清波，為杭州城門名。宋人周（火軍）曾禮居於此，並撰《清波雜志》《清波別志》。據徐逢吉自序，周書內容朝常典故居多，而鮮少述及城西之事，故徐逢吉撰此書，專述城西之事，稱「《小志》」。〔註97〕關於《清波雜志》，《寧氏目》評曰：「書中多記宋代以來雜事，以南渡前後事居多……本書內容龐雜，筆法亦有變。」〔註98〕而在《清波別志》中亦評此書記宋代雜事，其中不無小說，然屬鳳毛麟角，典制及風物考證居多。〔註99〕既如此，不明寧稼雨何以又將《清波別志》歸入小說家類，卻未收錄《清波小志》一書。《小志》即為補缺城西之事而作，該屬地理類無疑，而《清志》歸入雜誌之屬，該與其書中記述城西之雜事為多有關。觀其內容，無論寫人物、景觀或典制，皆細緻且有根據，當可作為補史、補方志之作。2004年，杭州出版社出版《西湖文獻集成》，亦收錄《小志》一書，將其視為史志之書。〔註100〕

24.《晴川蟹錄》

孫之（馬錄）撰。《清志》將之列入子部譜錄類動植物之屬，有別於《文瑞目》歸入小說家。《總目》歸入子部譜錄類草木鳥獸蟲魚之屬存目中，曰：「是編搜採蟹之詩文故實，分譜錄、事錄、文錄、詩錄四門。」〔註101〕此書研究河蟹與海蟹，詳細記錄了中國古文獻對蟹的記載及蟹的起源、產地、流變、分類、食法，以及古代文人對蟹的認識和詠詩，可以說是記錄蟹文化的

〔註97〕〔清〕徐逢吉輯：《清波小志》，《叢書集成初編》本，上海：商務印書館，1936年，第1頁。

〔註98〕寧稼雨：《中國文言小說總目提要》，濟南：齊魯書社，1996年，第182頁。

〔註99〕寧稼雨：《中國文言小說總目提要》，濟南：齊魯書社，1996年，第182頁。

〔註100〕〔清〕徐逢吉著，施尚民標點：《清波小志》，王國平主編：《西湖文獻集成・第八冊・清代史志西湖文獻專輯》，杭州：杭州出版社，2004年，第51頁。

〔註101〕〔清〕永瑢等撰：《四庫全書總目》，北京：中華書局，1965年，第1005頁。

小百科全書。〔註102〕因此，《清志》歸類是合理的。

25. 《仁恕堂筆記》

黎士宏撰。八家私家藏書目錄中，唯《傳世目》及《傳本書目》收錄此書，前者列入小說家，後者與《清志》同列入雜家。寧稼雨先生撰寫了兩條《仁恕堂筆記》的提要，都指此書記載前代史事及典制等，然而一條歸入《剔除書目》中，〔註103〕另一條則收錄在《石氏目》中，〔註104〕前者出版更早，難道是觀念起了變化嗎？觀其內容，所記駁雜，如卷第二十五記南州徽君徐臣源口述的故事，講一穿紅杉的女子與雷搏鬥的情狀，頗有小說意味；同卷又述其人生感慨，指出人之得名於後世，傳或不傳，各有命數，且以岳飛、李白、杜甫、西施、鄭旦爲例講述其觀點；〔註105〕又有述及畜牧犏牛的用途及價值、枸杞產地、煙之名始於日本、述鴟夷之義等，名目繁多；而撰寫人物及其史事的亦不少，如探討朱元璋的服飾政策、介紹柬埔寨這個國家等。因此眾家歸類不一。

26. 《人海記》

查慎行撰。《八千目》視爲小說之作，《清志》則列入雜家。《寧氏目》指此書專記有明一代及清初遺事，堪稱小說家言。因爲作者經常隨康熙帝西巡，見多聞廣，途中所記如塞外行程、清初宮殿門名，或有裨於考證，又能廣見聞。〔註106〕此外，其記明事錄前人書亦標注出處，引用書目中也有《玉堂薈記》《觚不觚錄》《快雪堂漫錄》《長安客話》這些被視爲小說的作品。寧稼雨也提及查慎行引用書目，沿襲舊文，未能訂正舊文之錯處，如將雲南人鄭和視作朝鮮人之誤等。〔註107〕由於其書多記旅途中所見所聞，多處引用小說之文爲之佐證，故《八千目》列爲小說之作。

27. 《日知錄》

顧炎武撰。《文瑞目》列入小說家。《清志》與《鄭堂記》則列入雜家雜

〔註102〕沈雨梧：《清代科學家》，北京：光明日報出版社，2010 年，第 292～293 頁。
〔註103〕寧稼雨：《中國文言小說總目提要》，濟南：齊魯書社，1996 年，第 451 頁。
〔註104〕石昌渝：《中國古代小說總目》（文言卷），太原：山西教育出版社，2004 年，第 359 頁。
〔註105〕〔清〕黎士宏撰：《仁恕堂筆記》，〔清〕張潮輯、〔清〕楊復吉增輯、〔清〕沈楙德補輯：《昭代叢書：10 集 500 種》，世楷堂本，1876 年，第 480 頁。
〔註106〕寧稼雨：《中國文言小說總目提要》，濟南：齊魯書社，1996 年，第 378 頁。
〔註107〕寧稼雨：《中國文言小說總目提要》，濟南：齊魯書社，1996 年，第 378 頁。

考類。《總目》「雜考」小序云：「考證經義之書，始於《白虎通義》。蔡邕《獨斷》之類，皆沿其支流。至唐而《資暇集》《刊誤》之類，爲數漸繁，至宋而《容齋隨筆》之類動成巨帙。其說大抵兼論經、史、子、集、不可限以一類，是眞出於議官之雜家也。（班固謂雜家者流出於議官。）今匯而編之，命曰『雜考』。」〔註108〕《總目》將《日知錄》列入雜家雜考之屬，其《提要》曰：「書中不分門目，而編次先後則略以類從，大抵前七卷皆論經義，八卷至十二卷皆論政事，十三卷論世風，十四卷、十五卷論禮制，十六卷、十七卷皆論科舉，十八卷至二十一卷皆論藝文，二十二卷至二十四卷雜論名義，二十五卷論古事眞妄，二十六卷論史法，二十七卷論注書，二十八卷論雜事，二十九卷論兵及外國事，三十卷論天象術數，三十一卷論地理，三十二卷爲雜考證。炎武學有本原，博贍而能通貫，每一事必詳其始末，參以證佐而後筆之於書。故引據浩繁，而牴牾者少。」〔註109〕其他書目較之《文瑞目》更恰當。

28. 《日下舊聞》

朱彝尊撰。《清志》列入史部地理類，而《文瑞目》列入小說之作。《日下舊聞》是一本關於北京歷史變遷的古代文獻。朱彝尊《自序》云：

> 今之京師，范鎮以爲地博大以爽（嵺），繩直砥平；梁襄則謂北倚山險，南壓區夏，王業根本，京都之選首。粵自軒轅氏邑於涿鹿之阿，周以薊封，其後北燕都之，慕容燕又都之，迨至遼曰南京，金曰中都，元曰大都，明曰北京，皇朝因之，以統萬國。宮殿井邑之繁麗，倉廳府庫之充實，《詩》所云四方之極者也。考唐之幽州，其址半在新城之西・金展其南，元拓其東北。洎徐武寧定北平，毀故都城，縮而小之，以昊天、憫忠、延壽、竹林、仙露諸寺皆限於城外，則其所毀，不獨光熙、安貞二門而已。及嘉靖築新城之數寺者復圍於郭內，而梁園以左，南極於魏村，東至於神木之廠，則又囊郊外之地也。若夫元之宮闕，以地度之，當在今安定門北。明初即南城故宮以建燕邸，而非因大都之舊。蓋宮室城市，基凡數易，至琳宮梵舍之建置，沿其舊者十一，更額者十九。故老淪亡，遺書散佚，歷年愈久，陳跡愈不可得而尋

〔註108〕〔清〕永瑢等撰：《四庫全書總目》，北京：中華書局，1965 年，第 1032 頁。
〔註109〕〔清〕永瑢等撰：《四庫全書總目》，北京：中華書局，1965 年，第 1029 頁。

矣。」〔註110〕

有鑑於此，朱彝尊從 1,600 餘種歷代古籍選錄編輯成書，分為 13 門，即星土、世紀、形勢，宮室、城市、郊坰、京畿、僑治、邊障、戶版、風俗、物產、雜綴、石鼓考，共 42 卷。是書內容廣泛，敘述詳明，堪稱清代私家編纂的大型都邑志書，〔註111〕分類似乎更合理。

29. 《宋稗類鈔》

潘永因撰。《清志》與《越縵堂記》同列入雜家，《孫氏目》則列入小說家。《總目》歸入類書類。其依據是書本「以宋人詩話、說部分類纂輯，凡五十九門……宋代雜記之書，最為汗漫，是編掇集英華，網羅繁富，且分門別類，較易檢尋，存之亦可資考核也。」〔註112〕《劉氏百科全書》收錄此書，指此書涵蓋比較廣泛，目錄曾參考《世說新語》，如「饞險」「雅量」「傷逝」等，也有專言佛道鬼神、動植物、草木鳥獸等，皆分類論述。〔註113〕可知此書的分類問題，著實為難，各家所持意見不一，難以達成共識。

30. 《說鈴》

汪琬撰。汪琬有意模仿《世說新語》，記載名人軼事，反映其個性特徵，以作為勸誡之事。汪琬門人計東在《說鈴序》中就如是寫道：「蓋先生之書，微之見性，彰之律躬，內之持心，外之應物，約之律曆經史總要之言，博之即先賢一言一行之善，下及稗乘虞初淆訛者，考核是正；為勸則挽近之姓氏必表而出之，為戒則但記其事而不著其人；其體制切而賅，其用心深以厚，其立言皆可為天下後世法，非僅僅先生家庭訓誡之書也。」〔註114〕而這些勸誡諷喻都是透過形象化人物表達出來的，含有豐富的故事性，故被《清志》列入小說家。《八千目》將之歸納在雜家，則未知其因。今人編纂的小說書目中，《劉氏百科全書》未收錄《說鈴》一書外，而《寧氏目》《袁氏目》都收錄了此書。八家私家藏書目錄中，包括《八千目》，還有兩家收錄了這本

〔註110〕〔清〕朱彝尊編輯，〔清〕朱昆田補遺：《日下舊聞》，（刻書地不詳：刻書者不詳），1688 年。
〔註111〕王燦熾：《燕都古籍考》，北京：京華出版社，1995，第 276 頁。
〔註112〕〔清〕永瑢等撰：《四庫全書總目》，北京：中華書局，1965 年，第 1159 頁。
〔註113〕劉世德、程毅中、劉輝主編：《中國古代小說百科全書》，北京：中國大百科全書出版社，1993 年，第 124 頁。
〔註114〕丁錫根編著：《中國歷代小說序跋集》，北京：人民文學出版社，1996 年，第 450～451 頁。

書，即《鄭堂記》及《文瑞目》，但都把《說鈴》歸類到小說類。可見，在史志目錄的編纂上，更多地標籤其爲小說作品。

31.　《蜀徼紀聞》

《清志》題王士禎撰，入史部地理類；《孫氏目》題王昶撰，入小說家。根據《昭代叢書》本所載，該書作者當是王昶，未知是否存在二書。然《總目》與今人編纂之文言小說書目如《寧氏目》《袁氏目》及《劉氏百科全書》等，都未收錄此書。可見，此書在史學家的觀念上，被認可爲小說之作的可能性微乎其微。觀其內容，乃王昶記錄金川事之作，是一部地志件史事之作，可資考究雲南政事、人事之用。〔註115〕故《清志》歸入史部地理類，亦屬合理。

32.　《瑣記》

《清志》題崔述撰，入雜家；《八千目》題杜文瀾撰，入小說家。據《寧氏目》，該書又名《曼陀羅華閣瑣記》，除了介紹其版本，對於其內容一概未予論述。《中國史學史辭典》收錄此書，曰爲杜氏宦遊經歷及其聞見雜記。其內容有的記鞫獄理刑案例，有的述人物風物掌故，也有述幽明感報、夢兆冥遊、狐妖鬼神，乃至命理占卜等怪異之事，語多荒誕，以勸善懲惡爲主旨，〔註116〕極似小說家之言。

33.　《同書》

周亮工撰。八家私家藏書目錄中，唯《傳世目》收錄，並列入小說家類，而《清志》將之歸入子部類書類。周亮工的所有著作都被銷毀，此後北京中華書局出版的《四庫抽毀書提要》亦不見此書。劉奉文偶然發現抄本《同書》一部，現藏於東北師大圖書館，可補《四庫抽毀書提要》之遺。抄本《同書》提要曰：「此書內容多載相類之事，與相類之語。如〈名下定無虛士〉一條，有『歐陽詢觀索靖碑』『閻立本觀張僧繇畫』，〈想當然耳〉有『孔融對曹操』『蘇軾對歐陽修』二語是也。」〔註117〕又曰：「亮工是編，皆排比成倫，使相條貫。其爲同爲異，展卷釐然，頗有資於考證。」〔註118〕有鑑於此，本

〔註115〕〔清〕王昶撰：《蜀徼紀聞》，〔清〕張潮輯、〔清〕楊復吉增輯、〔清〕沈楙德補輯：《昭代叢書：10 集 500 種》，世楷堂本，1876 年，第 299～328 頁。

〔註116〕明文書局編：《中國史學史辭典》，臺北：明文書局，1986 年，第 343 頁。

〔註117〕中華書局編輯部輯：《文史第三十五輯》，北京：中華書局，1992 年，第 171 頁。

〔註118〕中華書局編輯部輯：《文史第三十五輯》，北京：中華書局，1992 年，第 171 頁。

文從《清志》歸類。

34.《桃溪客語》

吳騫撰。八家私家藏書目錄中,《孫氏目》及《吟香仙目》收錄此書,列入小說家內;而《清志》則重複著錄,歸入史部地理類及子部雜家類。今人編纂的書目中,《袁氏目》及《石氏目》收錄此書。據石昌渝提要曰:

> 書中多引述前人有關義興記載,臚列事實,勘比得失,似雜家之言。但其中保留不少小說戲曲故事及有關傳說。如卷一引周密《癸辛雜識》記宋嘉熙間宜興縣宰夜遇美女,經老吏指點,知爲前知縣亡女,遂開墳取屍,與之交合。家人焚屍後,縣宰亦患疾而逝。今檢《癸辛雜識》無此文。見周密《齊東野語》卷一八,作者有誤。但吳騫在文末稱湯顯祖所作《牡丹亭還魂記》傳奇,彷彿濫觴於此,卻是有關《牡丹亭》傳奇本事研究的較早文字,值得注意。另有些怪誕內容,係取單篇傳奇。如記宜興邵孝子因至孝而其親墓側生夜光之竹,係本作者所作《夜明竹記》;又引倪瓚《義興異夢篇》,記倪瓚夜夢鬼物事。此二篇文均已亡佚,則本書又有小說輯佚之用。
> 〔註119〕

據以上提要,可知其多有荒誕、奇異之事,爲小說之體。而《續修四庫全書》卻歸入雜家類。觀其書卷一有云此書乃其「偶有聞見,則筆而識之」〔註120〕之書,又曰:「以其叢脞鬼瑣,一若道聽而途說之命曰『桃溪客語』」。〔註121〕若按其所說,乃道聽途說之作,則更適合入小說家之言。雖然作者撰寫此書與其客寓義興,意在抒懷舊之思,然視其內容,多怪誕、奇異之事。未知《清志》何以歸入地理類。

35.《文選理學權輿》

汪師韓撰。八家私家藏書目錄中,唯《孫氏目》收錄,列入小說家類;而《清志》則歸入集部總集類。《文選理學權輿》乃考證《文選》之作,《文選》一書,史志目錄皆歸入集部總集類,而關乎《文選》的考證、補遺、注

〔註119〕石昌渝:《中國古代小說總目》(文言卷),太原:山西教育出版社,2004 年,第 463 頁。

〔註120〕〔清〕吳騫撰:《桃溪客語》,《續修四庫全書》本,1139 冊,上海:上海古籍出版社,1996 年,第 523 頁。

〔註121〕〔清〕吳騫撰:《桃溪客語》,《續修四庫全書》本,1139 冊,上海:上海古籍出版社,1996 年,第 523 頁。

疏等專著，亦一併列入總集類。《總目》亦如是歸類。《越縵堂記》則將此書歸入集部詩文總集、選集類曰：「汪書分撰人、書目、舊注、訂誤、補闕、辯論、未詳、評論、質疑九門，自『撰人』至『未詳』，皆即李注，叠錄以便檢尋。『評論』則輯自唐迄國朝之論《文選》及注者。「質疑」則汪氏自記所見，以訂注文之誤。其於《選》學，可謂篤信謹守，實事求是者矣。名曰『理學權輿』者，以此為窮選理通選學之權輿也。」〔註 122〕想來歸入集部更合理。

36. 《香祖筆記》

王士禎撰。《清志》歸入雜家。八家私家藏書目錄中，共有 4 家收錄此書，《傳本書目》《鄭堂記》《越縵堂記》皆入雜家，唯《文瑞目》視為小說家之言。李慈銘《香祖筆記提要》對此書評價甚低，指此書「所記自論詩外，可觀者尟。」〔註 123〕宋犖云本書同《居易錄》《池北偶談》等書一樣，所記內容十分廣泛，「或辨駁議論得失，或闡發名物源流，或直言時事，或旁及怪異」（《香祖筆記序》）。〔註 124〕觀其書內容，卷 2 論及《詩》；卷 3 有談及治食道癌驗方；卷四有云《顏氏家訓‧風操篇》之稱謂的；卷 11 談及「先生」之稱呼與古人有僅稱「先」的問題。這是各家書目歸入雜家之因。然而，據寧稼雨《香祖筆記》條云此書為作者歌頌清初太平盛世的志人小說，如卷 4「趙遜」條敘順治時賣水人趙遜及所娶母女一家悲歡離合的故事；卷 2 寫武林女子王倩玉嫁人後又與表兄私自結合的故事；卷 3「吳六奇」條寫鐵丐吳六奇海量的名士風度。〔註 125〕如此種種，皆是此書何以徘徊在小說家與雜家之故。

37. 《玉堂薈記》

楊士聰撰。《清志》《八千目》《鄭堂記》皆列入小說家，唯《越縵堂記》入雜家。《自序》云：「自序謂古來正史所闕，或得之雜錄漫記，以補其所不足，亦識其小者之意也。自余叨史局，不廢記存，且積有年歲。壬午再入春

〔註122〕〔清〕李慈銘撰，由雲龍輯：《越縵堂讀書記》，北京：中華書局，1963 年，第 592～593 頁。

〔註123〕〔清〕李慈銘撰，由雲龍輯：《越縵堂讀書記》，北京：中華書局，1963 年，第 715～716 頁。

〔註124〕黃清泉主編，曾祖蔭等輯錄：《中國歷代小說序跋輯錄‧文言筆記小說序跋部分》，武漢：華中師範大學出版社，1989 年，第 406 頁。

〔註125〕寧稼雨：《中國文言小說總目提要》，濟南：齊魯書社，1996 年，第 378 頁。

明，感興時事，乃取舊所編輯，更加撰次，不拘年月，惟有概於中則書之，匯爲一帙。凡十餘年來世局、朝政、物態、人情，約略粗載於此。而戲笑不經之事，亦往往而在，命曰『薈記』，明其雜亂無統，未足比於作者之林也。然撮實不敢爲誣。」〔註126〕然而，《總目提要》評曰：「今觀其書，於當日周延儒、薛國觀、溫體仁、王應熊諸人門戶傾軋之由，政刑顛倒之故，頗能道其委曲，多正史之所未及。然士聰爲延儒門生，筆墨之間，頗爲迴護，而於黃道周、倪元璐皆有不滿之意。至謂道周不坐宦官之房，不以通家名刺與宦官，皆爲太過。其記張溥試詩，亦詆諆已甚，皆不免於恩怨之詞。又孔有德之變，乃新城王氏所激，毛霦平叛記言之最詳，而以爲由於誅袁崇煥，失遼人之心，殊非實錄。至於鄙諢穢語皆備載之，尤爲猥雜。」〔註127〕寧稼雨亦評曰：「作者每於事後橫加評點，抒發己見，又欠精允，故不免蛇足之嫌。」〔註128〕又曰：「卷上記曹天錫、姚擇揚羈旅娶妾事，餘關警世說教，而敘事委曲，頗具小說意味。」〔註129〕綜上所述，《玉堂薈記》或許因爲其內容有失偏頗，非全紀實，然所記猶可資考證，補史籍之不足，又因其敘事曲折，語多猥雜，因此清代的史志目錄更認定其爲小說之言。

38 及 39. 《虞初新志》與《虞初續志》

《虞初新志》爲張潮所撰，《虞初續志》則爲鄭澍若所撰。《清志》視二書爲小說，《八千目》則歸入傳記類。《虞初新志》中有許多憑空杜撰的志怪故事，專談鬼狐神仙之事，如《鬼母傳》《烈狐傳》《會仙記》等，而《虞初續志》則仿《虞初新志》體例，收錄蒲松齡之《林四娘》《崔猛》等作品，故《清志》歸入小說家。而《八千目》視之爲傳記，其因可溯，兩種小說都收錄了人物傳記之作。《虞初新志》書中收錄了近於實錄的眞人眞事，如《徐霞客傳》《柳敬亭傳》《郭老僕墓誌銘》等，而《虞初續志》亦收錄了侯方域、汪琬、毛奇齡、袁枚等文集中所做的傳記。張潮在《自序》裏闡述了自己的選材標準，指其所編輯的內容，「其事多近代也，其文多時賢也；事奇而核，文雋而工，寫照傳神，仿摹畢肖，誠所謂古有而今不必無、古無而今不必不

〔註126〕〔清〕楊士聰：《玉堂薈記》，《叢書集成初編》本，北京：中華書局，1985年，第1頁。

〔註127〕〔清〕永瑢等撰：《四庫全書總目》，北京：中華書局，1965年，第1224～1225頁。

〔註128〕寧稼雨：《中國文言小說總目提要》，濟南：齊魯書社，1996年，第317頁。

〔註129〕寧稼雨：《中國文言小說總目提要》，濟南：齊魯書社，1996年，第317頁。

有，且有理之所無，竟爲事之所有者；讀之令人無端而喜，無端而愕，無端而欲歌欲泣，誠得其眞，而非僅得其似也。」〔註130〕張潮認爲古人的小說便是採集天下異聞而得，因此即便是任誕矜奇的事實也能稱之爲小說。看來，按張潮自己的理解，該書當屬小說之作。

40. 《硯北雜錄》

黃叔琳撰。《清志》歸入雜家，而《傳本書目》則歸入小說家類。《總目提要》曰：「是書上至天文、地理，下至昆蟲、草木，凡經史所載，旁及稗官小說，據其所見，各爲採錄，亦間附以己意。大抵主於由博返約，以爲考據之資。」〔註131〕故《清志》歸入雜家。

41. 《庸閒齋筆記》

陳其元撰。《清志》與《傳本書目》皆入雜家，《越縵堂記》則列入小說家。李慈銘曰：「其書多載家事舊聞，聞及近事，頗亦少資掌故。惟太不讀書，敘次亦拙，不足稱底下書耳。」〔註132〕故列入小說家。由於書中夾雜不少故事傳說，故今人編纂的《袁氏目》《寧氏目》及《石氏目》等亦將之視爲小說之言。如此說來，何以《清志》及《傳本書目》將其列入雜家類呢？作者自言此書乃其因追念平生舊聞及回憶親身所經歷目睹事而作。其書《自序》云：「雖詼諧鄙事無所不登；而國朝典章、莊言至論、異聞軼事、軍情夷務及展卷所得者，間亦存焉。隱惡揚善，事征諸實，不敢爲荒唐謬悠之譚。」〔註133〕按作者的心意而言，他絕非爲了杜撰故事而寫作此書，而是以記實爲宗。楊璐評其爲研究清代史料的珍貴材料，指其對史實執論較公允，如卷四借戴熊兆之口貶斥貪墨官吏，卷五「侵賑之報」筆斥貪污了救災款項的山陽等。且書中所記可補史籍中所缺載，如卷八「姓之變更」指錢陳群本姓何，李鴻章本姓許；又因其與眾多名臣、學者皆有往來，如俞樾、李鴻章、曾國藩、丁日昌等，於文章政事，皆有受益，其所記錄名人軼事又多爲他書所不載，故可備考者多矣。〔註134〕

〔註130〕〔清〕張潮輯：《虞初新志》，北京：文學古籍刊行社出版，1954年，第1頁。
〔註131〕〔清〕永瑢等撰：《四庫全書總目》，北京：中華書局，1965年，第1132頁。
〔註132〕〔清〕李慈銘撰，由雲龍輯：《越縵堂讀書記》，北京：中華書局，1963年，第1024頁。
〔註133〕〔清〕陳其元撰，楊璐點校：《庸閒齋筆記》，《清代史料筆記叢刊》，北京：中華書局，1989年，第2頁。
〔註134〕〔清〕陳其元撰，楊璐點校：《庸閒齋筆記‧前言》，《清代史料筆記叢刊》，

42. 《韻石齋筆談》

姜紹書撰。《清志》與《八千目》皆列入雜家，而《孫氏目》則列入小說家。《總目提要》曰：「是書仿周密《雲煙過眼錄》，記所見古器、書畫及諸奇玩」，〔註135〕遂歸入雜家類。然而，所不同的是，《清志》歸入雜家雜說之屬，而《總目》入雜家類雜品之屬。蔣清《韻石齋筆談序》曰：「（姜公）少而中學，長益博綜，竹書蝌蚪，多所研究」，〔註136〕又評觀其所著，可見其「玩物而不溺於物，娛意而不滯於意」。〔註137〕觀其門類，不涉小說，此書無疑當入雜家類。

43. 《簷曝雜記》

趙翼撰。《清志》與《八千目》收錄在不同類，前者列入雜家，後者列入小說家。此書內容廣泛，除了雜記清代典章制度、朝野事蹟、宦海浮沉、科舉考試，對粵、桂、滇、黔等地的見聞，風土民情、奇趣見聞，也都有所記述。此書還收錄其讀書心得。按其體例而言，該屬雜家；觀其內容，所述見聞故事，實則亦以記實為主，惟其所記「狐祟」篇記作者在京師兩次遇狐祟事，頗為奇異，然諸如此類篇章實占少數。其中關於各地風俗的記載可補地方志之缺，其記軍機處及對明清兩朝人物事實的考證，又可資史家之研究，故列入雜家。寧稼雨歸入小說家，乃視其書中之奇聞異事，有小說故事可採，與《清志》分類標準不同。

44. 《鄢署雜抄》

汪為熹輯。《清志》入史部地理類，《文瑞目》入小說類，題名為「《鄢陵雜抄》」。對於《鄢署雜抄》，《總目提要》評曰：「國朝汪為熹撰，為熹字若木，桐鄉人。康熙末官鄢陵知縣，欲修縣志而未果。因摭其地之遺聞瑣事，綴為此書，自序稱事涉鄢陵者十之六七，涉省郡別州縣者十之三四，合以身之所歷，目之所睹，得十四卷。大抵多採稗官說部一切神怪之言。蓋本儲地志之材，而翻閱既多，捃摭遂濫；又嗜奇愛博，不忍棄去，乃裒而成帙，別以『雜鈔』為名，是特說部之流。」〔註138〕《總目》之所以將之歸入小說，

北京：中華書局，1989年，第1～6頁。

〔註135〕〔清〕永瑢等撰：《四庫全書總目》，北京：中華書局，1965年，第1059頁。

〔註136〕〔清〕姜紹書撰：《韻石齋筆談》，《叢書集成初編》本，上海：商務印書館，1937年，第1頁。

〔註137〕〔清〕姜紹書撰：《韻石齋筆談》，《叢書集成初編》本，上海：商務印書館，1937年，第1頁。

〔註138〕〔清〕永瑢等撰：《四庫全書總目》，北京：中華書局，1965年，第1232頁。

是一種退置的處理方法。汪爲熹《自序》云:「乍閱之(指《鄳署雜抄》)似《鄳志》補注;細閱之,爲祥爲妖,可喜可愕。異時重修《鄳志》與省會郡邑志,不無數十條可備採擇」。〔註139〕原來,他是以撰修縣志爲目的的,反因爲僅是摭拾當地的逸聞軼事,而書中內容夾雜太多神怪之言。故四庫館臣認爲汪爲熹因「嗜奇愛博,不忍棄去」而導致「捃摭逐濫」。雖然在他成書以前並未實踐史學考證之精神,但間中確實有可備採擇,符合「資考證」的小說標準,因此還是歸入小說家之言。《清志》歸入史部地理類,該是視其書名、體例而定。

45.《字觸》

周亮工輯。《傳世目》列入小說家,《清志》列入子部術數類雜技之屬。清方文《字觸序》:「《六書》之妙,妙在會意,會意之秒,妙在合眾體以成文,如『止』、『戈』爲『武』,『力』、『田』爲『男』」,〔註140〕又曰:「觸者,隨意所觸,引而伸之,不必其字本義也……仁智異見,擬議無方,此會意之所以妙也。」〔註141〕這都說明了方塊字的奧妙及其特有的文化屬性。簡而言之,這是一本有關文字故事的書。觸,有「觸及」「觸動」和「觸類旁通」之意,凡事觸及文字的東西,觸類旁通的,周亮工一一搜集,當中包括字迷、拆字、析字,也有風謠、讖語、夢卜之類的故事,摻雜了一些荒誕不經或迷信的成分。有人並用以占卜。〔註142〕因此,《清志》將其歸入子部術數類雜技之屬,是有其道理的。

46.《制義科瑣記》

李調元撰。《清志》列入史部政書類銓選科舉之屬,並著有《續記》一卷,《鄭堂記》僅收錄《制義科瑣記》,無《續記》歸入小說家類。此書記明清兩代科舉考試之事,一共176條,然其所引皆不注出處。〔註143〕觀其《自序》云及進士科是唐代中名氣最響的,爲清班,入選者莫不引以爲榮,而八股選士,又必須經過鄉試、會試、廷試等流程,文人學士多喜談而樂道。李

〔註139〕〔清〕汪爲熹撰:《鄳署雜抄‧序》,《綸蝦堂刊本》,1719年,第1頁。
〔註140〕四庫未收書輯刊編纂委員會編:《四庫未收書輯刊‧三輯‧貳拾肆冊》,北京:北京出版社,2000年,第428頁。
〔註141〕四庫未收書輯刊編纂委員會編:《四庫未收書輯刊‧三輯‧貳拾肆冊》,北京:北京出版社,2000年,第429頁。
〔註142〕趙傳仁、鮑延毅、葛增福主編:《中國古今書名釋義辭典》,濟南:山東友誼書社,1992年,第221頁。
〔註143〕明文書局編:《中國史學史》,臺北:明文書局,1986年,第211頁。

調元亦在《自序》中論及其寫作此書，盼能備典故之用。〔註144〕《續修四庫全書》與《清志》同，皆歸入史部政書類。今人編纂的文言小說書目中，無一收錄此書。此書隸屬於史部政書類，更爲恰當。

47. 《佐治藥言》《續集》

汪輝祖撰。八家私家藏書目錄中，唯《孫氏目》收錄此書，列入小說家，而《清志》則列入法家類，歧異甚大。本書內有詞訟速結、息訟、命案察情、盜案愼株累、嚴治地棍、讀律、差稟拒捕宜察、勿輕引故案等 40 則，記述了作者 30 多年的吏治經驗。〔註145〕此書亦爲現代法學人士所注重。張伯元主編的《法律文獻整理與研究》就如是評價這本書道：「該書記載了乾嘉時期幕僚幫助官吏處理公務、從事幕府工作的實際狀況，總結了如何做好幕府工作的有益經驗，其中包含汪輝祖對於如何運用法律的理解。這些遊幕的實際經驗與後人總結、創造出的司法理論有異曲同工之妙。此書爲我們研究當時幕府工作的內情提供了鮮活的資料，是研究清代司法制度及法制狀況不可多得的參考書。」〔註146〕又指作者「具體論述了在從事幕府工作的過程中應當注意哪些方面的技巧和方法，這些都是實際工作的指南。」〔註147〕可以說，《佐治藥言》是作者的法學思想，如同管子、商鞅、韓非子的法家思想闡述，故不難理解何以《清志》歸入法家之言。紀昀的《閱微草堂筆記》引了 6 則《佐治藥言》的故事，觀其內容，有不少鬼神之說，曲折離奇，又眞似小說之體。然而，若因此就歸入小說類，恐當中有用的法律文獻易被忽略。

48. 《征緬紀聞》

王昶撰。《清志》歸入史部地理類，而《孫氏目》歸入小說家類，《越縵堂記》歸入歷史類。其言有曰：「《紀聞》於進征撤師事，逐日記載」、「述瘴癘之苦，將帥死亡之多，緬人守禦之密」〔註148〕等事。今人編纂的文言小說目錄，無一收錄此書。此又是一部分類不一的文獻著述。

〔註144〕〔清〕李調元輯：《制義科瑣記》，北京：中華書局，1985 年，第 1～5 頁。

〔註145〕華東政法學院《簡明法制史詞典》編寫組編：《簡明法制史詞典》，鄭州：河南人民出版社，1988 年，第 200～201 頁。

〔註146〕張伯元主編：《法律文獻整理與研究》，北京：北京大學出版社，2005 年，第 312 頁。

〔註147〕張伯元主編：《法律文獻整理與研究》，北京：北京大學出版社，2005 年，第 310 頁。

〔註148〕〔清〕李慈銘撰，由雲龍輯：《越縵堂讀書記》，北京：中華書局，1963 年，第 408 頁。

49. 《竹葉亭雜記》

　　姚元之撰。《清志》列入雜家，而《八千目》則列入小說家。寧稼雨曰：「書中內容廣博。卷一卷二記當朝掌故、禮儀制度。卷三記各地風光物產、人情習俗、奇聞趣事及海外交往。卷四談石刻印章、古籍文物。卷五卷六記官僚文人、同鄉親友的行跡故事。卷七為讀書箚記、考辨雜事。卷八說花草木石、魚蟲走獸等。書中有些軼聞具有小說性質。如卷一記康熙八歲登極後訓練小太監，制伏權奸鰲拜事，較為新奇。卷五記紀昀為火精或猴精轉世的傳說及其以善吃煙聞名的趣聞等，皆有意趣。」〔註149〕故《寧氏目》列入小說家，與《八千目》同。觀此提要所記，亦甚為龐雜，入雜家類，亦在情理之中。

50. 《在園雜志》

　　劉廷璣撰。《清志》列入子部雜家類，而《文瑞目》則歸入小說家。《在園雜志》中有若干條專論小說，涉及幾十種小說作品，論續書、四大奇書、才子佳人小說及豔情小說等，〔註150〕亦有不少志怪小說，如「高捷」「朱爭夒」「劉琰」記諸人可笑行徑及怪誕行為，使人捧腹大笑，故事也曲折傳神，引人入勝。這該是此書所以被《文瑞目》列為小說之因。那麼，《清志》列入雜家的依據又是什麼呢？《總目提要》所云大概能解釋這一點。其言曰：「是編雜記見聞，亦間有考證。頗好譽己詩，似張表臣《珊瑚鉤詩話》。四卷錄乩仙詩至十五六頁，亦太近《夷堅諸志》。所記邊大綬伐李自成祖墓事甚詳，然與大綬《自序》不甚合，疑傳聞異詞也。」〔註151〕故列入雜家。

　　綜上所述，可以發現《清志》與《孫氏目》《文瑞目》的差異最大。《清志》與《孫氏目》有15部，與《文瑞目》有9部，分別著錄在不同處。這顯示了《清志》的編纂者與孫星衍、金檀的小說觀念差距最遠。除去分類兩可的情況，孫星衍與金檀的小說著錄，多與清代其他官私書目不同，且有的分類與其書內容的實質性差之千里，如孫星衍將《流通古書約》歸入小說類，而金檀將《晴川蟹錄》及《日知錄》歸入小說類。《鄭堂記》及《傳本書目》與《清志》的著錄觀念最為相近，前者有11部相同著錄，後者有8部相同著錄。

〔註149〕寧稼雨：《中國文言小說總目提要》，濟南：齊魯書社，1996年，第378頁。
〔註150〕王汝梅，張羽著：《中國小說理論史》，杭州：浙江古籍出版社，2001年，第137頁。
〔註151〕〔清〕永瑢等撰：《四庫全書總目》，北京：中華書局，1965年，第1110頁。

小　結

　　比較了《清志》與《總目》及八家私家藏書目錄的小說著錄，大致還原了清代小說在有清一代公私書目著錄的全貌。一直以來，關於《清志》這部著作，貶抑多於褒揚。關於它的研究論著及論文，所見不多。現有成果更多的是從訂誤方面著手研究。雖然，《清志》確實有許多記載的缺失與錯誤，然而從上述的研究來看，《清志》編纂者對於圖書的分類，是採取審慎態度的。

　　遺憾的是《清志》未能採錄《總目》退入《存目》的清代文言小說。相較《清志》與八家私家藏書目錄對於子部小說著錄及分類的不同之處，更能由此差異性去認識《清志》子部小說著錄的本質。雖然《八千目》是《清志》著錄圖書及著錄小說的最大來源，但考察《八千目》子部小說類中，卻多達119部作品完全不見錄於《清志》任何一類別中。此外，比較《清志》與八家私家藏書目錄小說著錄，也可以發現，《清志》對糾正私家書目小說分類之誤也起著一定的積極的作用。後來學者如欲重新編纂清代文言小說書目，可從《清志》中將《流通古書約》一書從子部小說類列入史部目錄類；將《晴川蟹錄》列入譜錄類；將《制義科瑣記》歸入史部政書類。如此種種，皆是《清志》著錄及分類方面值得肯定的地方。

　　總而言之，《清志》的小說著錄及分類與《總目》及八家私家藏書目錄相較，亦有可資小說研究的材料，亦能補他書所未記，能訂他家分類之誤，對於分類兩可的情況，亦可備一說。現有的小說研究之論述，或者提及《藝文志》，或者提及清代公私書目，罕有引用《清志》的小說著錄作為研究的史料，對挖掘小說的深意，距離只有更遠。當然我們也要注意到史志目錄著錄的小說並非中國古體小說的全部內容。本文選擇比較《清志》與《總目》及《清志》與八家私家藏書目錄小說著錄情況，可以看出一部圖書在不同書目中的歸類是否一致。從兩者的差異性來探究問題也能還原史志目錄子部小說著錄的實際情況。將來的小說史編寫應該善用小說目錄學這一資源，並注意清代文言小說在官私書目的著錄情況。如此，才能更貼近中國古代文言小說的本質。